AF450862

MANUEL

THÉORIQUE ET PRATIQUE

A L'USAGE

DES TAILLEURS.

Tout exemplaire non revêtu de la signature de l'auteur sera réputé contrefait.

LYON. IMPR. DE TH. LÉPAGNEZ, PETITE RUE DE CUIRE, 10.

MANUEL

THÉORIQUE ET PRATIQUE

A L'USAGE DES TAILLEURS,

POUR LA

COUPE DES VÊTEMENTS

D'HOMMES,

CONTENANT

81 planches, avec leurs explications.

EXPLICATION DES PLANCHES.

EN VENTE A LYON,

Chez CH. SIEGWALD, Professeur de coupe pour l'art du Tailleur,
Rue St-Dominique, 13, au 2me;

Et chez L'IMPRIMEUR, petite rue de Cuire, 10.

1856.

MANUEL
THÉORIQUE ET PRATIQUE
À L'USAGE
DES TAILLEURS.

AVANT-PROPOS.

Un Cours complet de la Théorie de la Coupe des Vêtements pour hommes, nécessitant 50 ou 60 Leçons, et beaucoup de tailleurs ne pouvant le suivre, faute de temps ou à cause des dépenses auxquelles il les obligerait, j'ai cru bien mériter d'eux en publiant un Manuel du Tailleur d'habits en tous genres.

A l'aide de mon Manuel, qui présente un cours complet, chacun pourra, sans le secours d'autrui, bien comprendre cet art et arriver facilement à en connaître et vaincre toutes les difficultés.

Pour bien habiller, il faut bien couper; et pour bien couper, il faut savoir bien prendre mesure; essayer ensuite le vêtement et juger des corrections à y faire. Ces deux opérations offrent des difficultés d'autant plus grandes que la personne sur laquelle on prend une mesure pose souvent très-mal, ne se tient jamais immobile, et le moindre mouvement fait varier de quelques centimètres qui à l'essayage occasionnent des corrections plus ou moins grandes.

Ce que je dis là est si vrai, que les numéros de la même mesure prise deux fois sur la même personne, fût-ce à l'aide d'un pantomètre, ne seront jamais exactement conformes.

Avec ma méthode, quelque peu intelligent que l'on soit, on saura bientôt prendre une mesure exactement, bien couper et essayer avec goût une pièce quelconque, comprendre les corrections à y faire et en connaître parfaitement les causes.

Pour bien faire un vêtement, il faut s'en créer soi-même le modèle et ne jamais recourir à celui d'un confrère qui aura été fait pour un client, qui toujours diffère du vôtre par la taille, la grosseur, et autre accidents du corps. En établissant soi-même ses patrons, on se forme le jugement et le goût, et on s'acquiert bien vite la réputation d'habile et bon tailleur.

En 1813, en Angleterre on commença à joindre la théorie à la pratique. Les carrures se faisaient étroites et se composaient de 14 parties dans la largeur. Les manches fournissaient aux carrures toutes les parties creuses et enveloppaient les épaules.

En 1824 la mode marchait au progrès; on faisait tenir l'habit droit par devant et toucher sur la taille. Les carrures étaient de 1/3 de la moitié de la grosseur du haut (16 parties). On coupait un habit dans toutes ses proportions en divisant la moitié de la grosseur du haut en 3 parties, savoir : 1/3 pour la carrure, 1/3 de la carrure à l'avant-bras, et 1/3 de l'avant-bras jusqu'au milieu de la poitrine, et l'on ajoutait 5 parties de plus pour le mouvement de la poitrine. — Cette année là fut inventé le *pentomètre*.

En 1840 on fit des carrures très-larges, tailles longues et larges, et dos profonds. Les carrures étaient de 19 parties.

En 1854 les carrures étaient de 19 parties, la taille courte et étroite de 4 parties.

En 1855 les carrures étaient de 19 parties, et la largeur de la taille de 6 parties.

Ces différents plans expliquent les variations de la mode depuis 1813 jusqu'en 1855; étant bien compris, ils mettront à même d'exécuter facilement tous les changements qui pourront survenir.

OBSERVATIONS

TRÈS-UTILES POUR LA MESURE.

Quand un client se présente pour que vous lui preniez la mesure d'un vêtement, ne lui adressez d'abord aucune question, mais avant d'opérer ayez le soin, et sans qu'il s'en aperçoive, de bien examiner sa pose. Si vous reconnaissez qu'il se tient droit, vous comprendrez qu'il faut les épaulettes renversées et plus longues du côté de l'encolure ; et que si, au contraire, il se tient voûté et a le dos rond, il faut le point de côté plus haut. S'il a le col long, vous avancerez de 1 ou 2 centimètres l'épaulette du côté de l'encolure, et hausserez également de 1 ou 2 centimètres le point de côté dans l'emmanchure.

Si l'homme est grand, maigre, et a les épaules fortes, vous ajouterez à la mesure sous les bras 2, 3, et même 4 centimètres. Vous tracerez ensuite toutes les largeurs. Le placement des épaulettes et les profondeurs seront établis d'après la mesure prise d'abord sous les bras sans augmentation.

Lorsqu'une personne a les épaules hautes, la mesure depuis la couture du collet jusque sous les bras peut varier de 3 à 4 centimètres : alors il faut diminuer la grosseur d'autant, et ensuite tracer toutes les profondeurs et le placement des épaulettes; mais s'il a le col court, on placera les épaulettes avec la mesure de proportion pour l'empêcher de trop monter.

Il y a des jeunes gens très-grands pour leur âge, mais qui sont maigres, il faut diminuer de 2 ou 3 centimètres la mesure de profondeur et du placement des épaulettes, et tracer la largeur avec la mesure sous les bras.

L'homme gros (tout rond) qui dépasse de 48 centimètres la

moitié de la grosseur du haut, n'est plus dans ses proportions, et dût-il grossir encore, les profondeurs resteront toujours les mêmes; il faut dans ce cas diminuer de 2, 3, et même quelquefois de 4 centimètres la mesure des profondeurs, les tracer d'après cette mesure réduite, et ensuite tracer les largeurs avec la mesure prise sous les bras. — Il sera fait de même pour l'homme gros du ventre seulement, et marchant renversé, excepté qu'il faudra placer les épaulettes d'après la mesure réduite. — L'on fera encore de même pour les personnes de petite taille et minces.

Pour une épaule plus basse ou plus haute que l'autre, on renverse l'épaulette du côté de l'épaule *basse* et l'on baisse le point de côté.

MESURE DES VÊTEMENTS.

HABITS, REDINGOTES, VESTES, ETC.

1re mesure : Grosseur sous les bras, appelée moitié grosseur du haut.

2e — Grosseur du haut.
Ces deux mesures se prennent par-dessus le gilet; mais pour un pardessus elles se prennent par-dessus l'habit.

3e — Longueur de la taille.

4e — Longueur du vêtement.

5e — Largeur des carrures.

6e — Coudes et longueur de la manche. On fait tenir le bras levé en avant, et courbé (ou *plié*).

7e — Largeur de la manche à l'emmanchure, très-juste pour servir de règle pour l'emmanchure.

8e — Largeur du coude.

9e — Largeur de la manche vers le poignet.

10ᵉ — Longueur des revers du milieu du dos jusque devant la longueur convenue.

BURNOUFS, CHARLES-QUINT, MANTEAUX.

BURNOUF. 1ʳᵉ mesure : Grosseur du haut par-dessus l'habit.
2ᵉ — Longueur par derrière.
3ᵉ — Grosseur de l'encolure par-dessus l'habit.
4ᵉ — Longueur de la manche depuis l'encolure sur le bras.

On fait tenir le bras pendant de l'encolure jusqu'au bout de la manche.

CHARLES-QUINT. 1ʳᵉ mesure : Grosseur du haut par-dessus l'habit.
2ᵉ — Longueur par derrière.
3ᵉ — Largeur de l'encolure par-dessus l'habit.

MANTEAU. 1ʳᵉ mesure : Longueur par derrière.
2ᵉ — Largeur de l'encolure par-dessus l'habit.

PANTALONS.

1ʳᵉ mesure : Du haut par côté jusqu'aux genoux et en bas.
2ᵉ — Hauteur du pantalon. — On place une règle ou une équerre entre les jambes pour en mesurer la hauteur.
3ᵉ — Longueur entre les jambes depuis la fourche jusqu'en bas.
4ᵉ — Largeur de ceinture.
5ᵉ — Largeur du ventre.
6ᵉ mesure : Bassin ; la mesure prise par-dessous les fesses.
7ᵒ — Largeur des cuisses.
8ᵉ — Largeur des genoux.
9ᵉ — Largeur d'en bas.

En mesurant la hauteur, il faut passer la main sur le ventre, et si l'on reconnaît qu'il avance, ajouter 2 ou 3 centimètres pour le

ventre. En prenant la mesure entre les jambes, l'on s'aperçoit facilement si les parties sont fortes ou rompues , et dans ce cas l'on
tient du côté qu'elles se portent l'écart moins creusé et plus grand.
Il faut aussi observer si la personne en marchant serre les jambes
ou si elle les écarte; si elle a les genoux en dedans ou en dehors :
et suivre pour cela les règles expliquées dans la planche N°

Si l'on prend mesure sur un pantalon qui monte plus haut que
la hanche, et que celui qu'on veut faire ne doive y arriver que
juste, il faut y attacher un cordon tout autour pour la découvrir,
et mesurer depuis ce cordon jusqu'à la fourche.

GILETS.

1re mesure : Grosseur du haut.
2e   —   Grosseur du bas.
3e   —   Longueur, en passant la mesure derrière le col et en
                      ramenant les deux bouts égaux jusqu'à l'extrémité
                      de la longueur voulue.
4e   —   Largeur de l'encolure.

ESSAYAGE.

Un habit monte trop haut lorsque l'épaulette trop droite entraîne
le point de côté, et fait faire un paquet à l'avant-bras qui empêche
l'habit de se tenir droit par-devant et occasionne de la gêne sous
les bras. Il faut alors renverser l'épaulette de 2 ou 3 centimètres
pour descendre le dos et le faire toucher sur la taille. Si l'on ne
peut pas renverser l'épaulette, il faut rétrécir sous les bras et évider
l'emmanchure, en ayant le soin de tenir les côtés assez hauts. Si
le point de côté se trouvait trop bas, il occasionnerait des plis en
travers, et s'il était trop haut, il rendrait le dos trop long, et il
faudrait le baisser pour le faire descendre.

Si l'épaulette du côté de l'encolure est trop courte, elle rend le
point de celle du côté de l'emmanchure beaucoup trop long, fait

lever l'habit, l'empêche de toucher tout autour et fait gêner autour des bras. Il faut couper l'épaulette du côté de l'emmanchure, évider le tour des bras et rétrécir les côtés s'ils sont trop larges.

Lorsqu'à un homme qui a le col court, l'habit monte trop haut, il faut renverser l'épaulette et baisser le point de côté. Il arrive assez souvent que pour des cols trop courts l'on est obligé de trop renverser l'épaulette pour empêcher l'habit de trop monter, on fait alors un suçon dans l'encolure.

Lorsqu'un habit tombe tout-à-fait trop en arrière, on remonte les épaulettes et on les fait tenir avec de fortes épingles ; on examine ensuite si elles sont assez relevées, et dans le cas contraire on ramène les largeurs de côté ou les épingles. — *Voir* la planche N° 67.

Ce défaut vient de ce que la grosseur d'en haut ne se rapporte pas aux proportions des profondeurs.

N. B. — Quand on met un habit ou une redingote à l'essayage, il faut les doubler de manière à ce qu'on ne soit pas obligé de découdre les doublures — pour y faire les corrections jugées nécessaires, parce qu'on réussirait difficilement à les recoudre de même. — Les manches ne doivent pas être faufilées aux emmanchures, non plus que le collet. — Le collet fait souvent tenir l'habit droit ; et l'habit ou redingote doit se tenir droit sans le secours du collet. — La manche faufilée à l'emmanchure, si elle se trouvait trop haute par-devant, ferait tirer les carrures et les côtés, et il serait très-difficile d'en découvrir la cause. — Il faut faufiler la manche, mais non la joindre à l'emmanchure, pour pouvoir bien en reconnaître la longueur et la largeur, et si le coude est à sa place. — Quand on veut monter les manches à un habit, on en place la couture selon la mode au milieu du dos, ou sur la couture de l'épaulette. — Quand l'habit est pret, on faufile une manche, on élève ensuite l'habit pour s'assurer que la manche tombe à sa place ; et dans le cas où elle tomberait en arrière, ce qui prouverait que la manche ne serait pas assez profonde devant, alors il faut lui donner plus de profondeur.

EXPLICATION DES PLANCHES.

N° 1.

Pantalons pour militaires et civils.

Large et rond en bas.

1 à 2   Depuis la ceinture jusqu'à la fourche.
1 — 3   Les genoux.
1 — 4   Longueur totale jusqu'en bas.
2 — 5   1/14 de largeur du bassin.
5 — 7   Un trait.
5 — 6   Longueur entre les jambes, si cette longueur n'était pas égale à celle des côtés.
9 — 10   Place du ventre dont on doit examiner le volume afin d'opérer selon son plus ou moins de grosseur. Pour un ventre plat on met 1 centimètre, et ordinairement 2 ou 3 centimètres pour les gros. (*Voir* le N° 8.)
5 — 8   La moitié de 9 à 10.
7 — 11   On retranche *un* centimètre et l'on trace de 11 à 10 et 8.
8 — 12   10 centimètres pour un fantassin et 11 centimètres pour un cavalier.
12 — 13   2 centimètres.
8 — 14   5 centimètres. L'on trace de 10 à 14 et 12.
11 — 1   1/14 de largeur de ceinture.
11 — 23   Place de la hanche.
2 — 12   Le milieu 15. — Point de trait d'aplomb.
16 — 17   1|14 de largeur d'en bas.
16 — 4   Idem.   Idem.

17 — 13 Un trait.

 4 — 2 Un trait.

17 — 18 Un centimètre plus court entre les jambes.

Pour le derrière dudit Pantalon.

Le derrière se trace sur le devant déjà coupé.

19 — 20 10 centimètres.

20 — 21 1/14 de largeur et ceinture.

20 — 13 Un trait.

12 — 22 L'on trace de 12 à 22, et l'on mesure le devant de 10 à 23.

24 — 23 Il faut ajouter 3 centimètres à la mesure du ventre pour un civil, mais l'on n'ajoute rien à celle pour un militaire.

Quand le derrière est tracé, on place le devant entre les jambes comme s'il était cousu.

N° 2.

Observations pour tous les genres de Pantalons.

Quand le derrière est tracé, on place le devant entre les jambes, comme s'il était cousu ; il faut qu'il s'y trouve la distance de 1 à 2, moitié largeur du bassin. De 3 à 4, l'emplacement que vous jugez nécessaire, pour que le corps puisse entrer.

Dans le cas que la distance de 1 à 2 se trouve trop écartée, il faut resserrer, entre les jambes, de 9 à 10 au derrière. Si on veut mettre à l'aise, on retranche de 2 à 5 ; on fait fournir de 8 à 6.

Si on veut que le pantalon colle derrière, on fait fournir de 2 à 7, 4 centimètres ; et on retranche autant de 6 à 8.

N⁰ 3.

Pantalons larges et ronds en bas et à bretelles.

1 — 2   Ne pas rentrer pour ne pas gêner le creux de l'estomac.
2 — 3   1/14 de largeur de ceinture en avant.
3 — 4   Tracer droit jusque sur la hanche.
4 — 12 Arrondir.
5 — 6   10 centimètres hauteur de derrière.
6 — 13 1/14 de largeur de la ceinture de derrière.
        1|14 pour les hommes rompus.
8 — 7   Ajouter 2 ou 3 centimètres dans l'écart en avant, pour parties fortes ou ruptures.
10 — 9 Ajouter 2 ou 3 centimètres dans l'écart en avant, pour parties fortes ou ruptures.
9 — 11 Tracer en creusant.
8 — 10 Côté opposé à la rompure, ne rien ajouter, ne rien diminuer.
1 — 2   Au côté droit de la ceinture ajouter 2 centimètres pour l'empêcher de croiser quand elle est boutonnée; quand on veut faire croiser, n'arrondissez pas en haut.

N⁰ 4.

Pantalons mi-collants et ronds en bas.

1 — 2   Ceinture jusqu'à la fourche.
1 — 3   Genoux.

1 — 4 Longueur jusqu'en bas.

5 — 6 Longueur entre les jambes.

Si la longueur des côtés ne se rapportait pas à celle d'entre les jambes, on se guiderait sur cette dernière.

2 — 7 Moitié largeur du bassin.

7 — 11 Tirer un trait.

9 — 10 Place du ventre. On ajoute ou l'on diminue selon son volume.

7 — 8 Commencement à l'écart. La moitié de 9 à 10.

11 — 12 Couture de ceinture. Un centimètre de moins que de 9 à 10.

8 — 13 L'écart. 10 centimètres.

13 — 14 L'écart. 2 centimètres de moins.

2 — 13 Le milieu 5. Marquer le trait d'aplomb de 5 à 6.

6 — 18 Ajouter 2 centimètres pour avancement.

18 — 19 Tirer un second trait jusqu'aux genoux.

12 — 16 1/14 de largeur de ceinture de devant.

16 — 17 Un trait an arrondissant jusque sur la hanche.

18 — 20 1/14 de largeur en bas.

18 — 21 1/14 de largeur en bas.

20 — 14 Un trait entre les jambes.

21 — 2 Trait par côté.

8 — 15 Ajouter 5 centimètres pour l'écart.

10 — 15 et 14 Tracer l'écart.

20 — 26 Tenir un centimètre plus court entre les jambes. Si le devant vers le genou était trop large, supprimer 1 centimètre de 23 à 24 entre les jambes, et 2 centimètres de 25 à 31 par côté.

31 — 17 Un trait par côté.

24 — 14 Un trait entre les jambes.

Derrière d'un Pantalon mi-colant et rond en bas.

Le derrière du pantalon se trace d'après le devant, en supprimant 2 centimètres au 1/4 de 13 à 14, et en ajoutant 4 centimètres au 1/4 de 14 à 29.

27 — 28 Hauteur de derrière. Ajouter 10 centimètres.

28 — 13 Un trait.

28 — 1 Largeur de ceinture.

17 — 10 et 17 — 32. Trouver 3 centimètres de plus que la
grosseur du ventre.

N° 5.

Pantalons à guêtres larges, à la militaire.

Devant du Pantalon.

Si l'on veut que le pantalon serre le genou, on ôte 2 centimètres de 29 à 39. Pour le reste *voir* le plan N° 2.

1 — 2 De la ceinture jusqu'au 1/4.

1 — 3 Les genoux.

1 — 4 L'enbas.

2 — 7 Un 1/4 largeur du bassin.

8 — 9 Mettre 3 centimètres plus ou moins pour le ventre.

7 — 10 La moitié de 8 à 9.

11 — 12 Un centimètre de moins que de 8 à 9.

10 — 14 10 centimètres.

14 — 15 Réduire à 2 centimètres.

10 — 16 Ajouter 5 centimètres.

12 — 9, 16 et 15 Tracer en arrondissant.

15 — 24 Longueur entre les jambes. Supprimer 1 centimètre.

2 — 14 Le milieu 5, trait d'aplomb.

6 — 17 Ajouter 2 centimètres.

17 — 18 Un trait.

17 — 19 Marquer 10 centimètres.

17 — 20 9 centimètres.

17 — 21 9 centimètres.

19 — 22 8 centimètres.

19 — 23 8 centimètres.
22 — 15 Un trait.
23 — 2 Un trait.
24 — 20 Supprimer 1 centimètre.
12 — 13 Un 1/4 largeur de ceinture.
13 — 35 Rond pour la hanche.

Derrière du Pantalon.

31 — 23 Largeur d'en bas en supprimant de 20 à 21 largeur de
devant.
31 — 32 2 centimètres.
33 — 34 2 centimètres.
27 — 28 Supprimer la place des genoux et partager ce qui reste
de 18 à 29 et de 18 à 30 pour le derrière.
30 — 14 Un trait.
14 — 26 Ajouter 2 centimètres, ou de 15 à 26, 11 centimètres.
37 — 35 Ajouter 10 centimètres.
25 — 1 1/4 largeur de ceinture.

Si le pantalon est à la militaire, suivre le tracé de 36 à 3.
Pour le reste, *voir* la planche N° 2.

N° 6.

Pantalons étroits à guêtres.

Son tracé est le même que celui du N° 5. Mais la largeur du genou se trouvant réduite par son tracé entre les jambes, il faut ne faire fournir de 3 à 5 que 2 centimètres pour le derrière, et supprimer par côté 2 centimètres de 1 à 2. Si le côté se trouvait trop creusé, on ne ferait rien fournir de 3 à 5, et l'on supprimerait 2 centimètres de 7 à 8.

Tirer un trait de 8 à 10.

2

Si l'on fait un suçon nº 9, on remplace de 4 à 6 ce qu'aura pris le suçon.

Nº 7.

Si dans la mesure on avait oublié de prendre celle du bassin, ou si on l'avait prise trop large, ce qui donnerait trop de rond à la hanche, on mettrait 2 ou 3 centimètres de 1 à 2, et même plus, si on le jugeait nécessaire.

2 — 9   Un 1/4 de largeur de ceinture.
9 — 3   Supprimer 2 centimètres.
1 — 3 et 4 — 5   Même distance.
7 — 8   Place du ventre.
5 — 6   La moitié de 7 à 8.
Pour le reste *voir* le nº 5.

Nº 8.

Pantalons pour un homme gros tout au tour.

Devant du Pantalon.

1 — 2 De la ceinture à la fourche.
1 — 3 Les genoux.
1 — 4 Longueur jusqu'au bas.
2 — 5 1/4 de largeur du bassin.
7 — 8 5 ou 6 centimètres pour le ventre.
5 — 9 La moitié de 7 à 8.
9 — 10 Mettre 12 à 14 centimètres.
10 — 17 Supprimer 3 centimètres.
9 — 18 Mettre 5 centimètres.

15 — 16 Ajouter 2 centimètres pour tenir plus haut.

16 — 1 1/4 de largeur de ceinture.

16 — 8 et 18 — 17 Tracer d'après le plan.

17 — 21 Longueur entre les jambes, en supprimant 1 centimètre pour faire tendre. Pour le trait d'aplomd, prendre le milieu de 2 à 10, marqué N° 11.

12 — 13 Mettre 2 centimètres.

13 — 14 Un trait.

13 — 22 Marquer 10 centimètres.

13 — 20 Mettre 9 centimètres.

13 — 21 Mettre 9 centimètres.

22 — 23 Mettre 8 centimètres.

22 — 24 Mettre 8 centimètres.

23 — 17 Un trait.

21 — 19 Supprimer 1 centimètre.

24 — 25 Un trait.

Derrière du Pantalon.

10 — 36 Rétablir 3 centimètres. Supprimer de 10 à 17.

6 — 37 Mettre 12 centimètres.

37 — 38 1/4 de largeur de ceinture.

37 — 10 Un trait.

20 — 19 Devant du pantalon en bas.

28 — 27 Ayant la largeur totale du bas du pantalon, mesurer de 13 à 27 et de 13 à 28 pour avoir la largeur de derrière.

28 — 29 Retrancher 2 centimètres.

27 — 30 Retrancher 2 centimètres.

Pour les genoux même opération que pour l'en bas du pantalon.

29 — 34 Un trait.

34 — 10 Un trait.

30 — 33 Un trait.

33 — 2 Un trait.

Ajouter 2 centimètres de 34 à 35, et en supprimer autant de 33 à 31 si la grosseur du bassin faisait trop supprimer entre les jambes.

37 — 39 Baisser de 2 ou 3 centimètres, et en ajouter 3 ou 4 de
39 à 40, si le ventre fait marcher l'homme renversé.
40 — 41 1|4 de largeur de ceinture.
36 — 10 Retrancher 2 ou 3 centimètres.
Voir la planche n. 2.

N⁰ 9.

Pantalons collants.

Le trait d'aplomb se trace de même que pour les autres; on fait fournir les mollets par côté et entre les jambes ; et les ronds des côtés doivent être égaux, comme l'indique la planche par le n. 4 à 2. On ajoute ensuite par côté du devant 3 centimètres de 4 à 5, et 3 centimètres de 2 à 3. On trace de 1 à 5 et 3, et l'on supprime par derrière ce qu'on a ajouté par devant, de 4 à 6 et 2 à 7, afin de faire tourner en arrière. Supprimer au derrière 2 centimètres de 8 à 9.

N⁰ 10.

Pantalons collants sans couture entre les jambes.

Le trait d'aplomb se trace comme le n. 4.

1 — 2 10 centimètres. — On trace par côtés toutes les largeurs.
3 — 4, 5 à 6, 7 à 8, 9 à 10. Tels que vous voyez sur le plan.
7 — 5 et 3 Pour former les mollets.
8 — 6 à 4 Il faut la même forme, comme de 7 à 3.

On pose le compas sur 2 ; on tire un trait de 11 à 12, qui donne la hauteur de derrière.

12 — 14 1|4 de largeur de ceinture.
12 — 13 La moitié de la mesure du bassin, en supprimant 4 centimètres.

15 — 22 et 16 à 17, on vérifie la mesure du ventre.

22 — 23 On remarque si la distance est assez grande pour que le corps y puisse entrer ; après on fait fournir par côté de 7 à 19, 3 centimètres.

3 — 18 On fait fournir 3 centimètres.

On supprime au derrière, de 4 à 20.

8 — 21 Autant que vous avez fait fournir par côté.

On mesure avec le devant, par côté ; au derrière, de 20 à 21 jusqu'à 14.

10 — 14 On tend le derrière.

N° 11.

Pantalons larges sans couture entre les jambes.

Ce genre convient pour les pantalons garnis en peau. On peut également fournir par côté à la militaire. Le trait d'aplomb est le même que pour la planche n. 1.

1 — 2 Largeur totale en bas.

Poser le compas sur 3, tirer un trait de 4 à 5, qui donne la hauteur de derrière.

5 — 6 1/4 de largeur de ceinture.

7 — 8 Largeur totale des genoux.

9 — 10 et 11 à 12. Largeur du ventre.

10 — 13 Distance pour que le corps y puisse entrer.

14 — 5 Largeur du bassin, en supprimant 4 centimètres.

N° 12.

Pantalons larges et ronds en bas, sans couture par côtés.

On place le devant avec le derrière par côtés, comme vous voyez sur le plan de 1 à 2.

N° 13.

Pantalons pour enfants.

Pour les enfants, il faut tracer le pantalon comme pour les hommes gros.

1 — 2   2 ou 3 centimètres.

3 — 4   La moitié de 1 à 2.

4 — 5   6 ou 7 centimètres.

5 — 6   1 centimètre.

4 — 7   3 centimètres.

8 — 9   Egale de 1 à 2.

9 — 10   1/4 de largeur de ceinture.

9 — 11   Si on fait plisser, on fait fournir de 3 centimètres.

10 — 12 et 14   6 jusqu'à 10 centimètres.

Entre 18 et 5   Pour trait d'aplomb 19 est le milieu.

20 — 21   1/4 de largeur en bas.

20 — 22   1/4 de largeur en bas.

Un jeune enfant marche souvent écarté; il faut alors supprimer entre les jambes à 21, 2 centimètres, et faire fournir par côté à 22, 2 centimètres.

Explications pour le derrière.

Avec le devant on trace le derrière.

9 — 16   2 centimètres. Plus un enfant devient grand, plus il faut que le derrière soit haut.

15 — 16 et à 17. Comme pour les plis.

N° 14.

Caleçons courts, et Caleçons longs.

1 — 2   Mesure de ceinture à la fourche.

3 Le genou.

4 Dessous du genou pour les caleçons courts.

5 Pour les caleçons longs.

2 — 6 Largeur du bassin.

6 — 7 12 centimètres.

7 — 8 3 centimètres.

2 — 7 Trait d'aplomb au milieu.

9 — 11 1/4 de largeur de ceinture.

9 — 10 4 centimètres pour former un pli.

10 — 7 Un trait.

11 — 2 Un rond.

15 — 8 Un trait.

17 — 2 Un trait.

16 — 18 Largeur en bas.

On trace en bas en rond comme cela est indiqué sur le plan 19.

Explications pour le derrière.

Avec le devant on trace le derrière.

12 — 13 12 centimètres.

13 — 14 1/4 de largeur de ceinture, et 4 centimètres de plus pour 1 pli.

10 — 7 Un trait droit.

13 — 7 Un trait droit.

N° 15.

Pantalons à plis.

1 — 2 Bord du drap.

1 — 3 Autant que vous voulez mettre pour le pli, depuis 6 centimètres jusqu'à 15.

3 — 2 Un trait.

1 — 5 La même forme que de 3 à 4.

8 — 6 et 9 à 7 Les plis se forment.

N° 16.

Pantalons à bandes par côtés.

1 — 2 Bord de la bande.

3 — 4 La moitié de la largeur du drap.

Comme le devant du pantalon ne se trouve pas droit par côté, la bande fait venir le devant plus large et droit.

Autant il y a de surplus de 7 à 8 et de 11 à 12, autant il faut rétrécir au derrière de 9 à 10 et de 13 à 14; ainsi que vous voyez sur le plan de 8 à 15 et de 10 à 16.

Autant vous avez de distance de 1 à 5, de 18 à 17, il faut faire un suçon de 19 à 20 en ayant soin du côté 19 de faire un peu emboire, afin de faire tourner la bande.

N° 17.

Pantalons courts.

1 — 2 Largeur pour les jarretières.

1 — 6 Tracer un rond et faire emboire.

5 — 6 Rentrer d'un centimètre.

2 — 4 Pour le derrière.

3 — 6 Creuser, et tendre.

N° 18.

Pantalons courts à la marquis.

1 — 2 et 1 à 3 Largeur en dessous du genou.

4 — 5 Largeur des jarretières.

2 — 7 Rentrer d'un centimètre.
4 — 7 Tracer un rond et faire emboire.
6 — 7 Creuser et tendre.
5 — 8 6 centimètres plus bas.
9 — 10 3 centimètres plus bas.
11 — 10 Un trait.

N° 19.

Pantalons courts jusqu'au mollet.

1 — 2 Tel que vous voyez sur le plan.

N° 20.

Pantalons à la mamlouk.

Pour un pantalon de 80 centimètres : longueur par côté, on emploie 2 mètres 15 centimètres de drap. — 80 centimètres pour les jambes, de 1 à 2.

La moitié du drap fait la largeur de la jambe, de 1 à 3 et de 6 à 9.

3 — 4 et de 6 à 10 On redouble le drap entre les jambes.

On couture de 3 à 4 et de 6 à 10.

4 — 10 Pli du drap ; devant le point il descend, et derrière il remonte.

1 — 2 et de 9 à 11 On plie la moitié de la largeur du drap.

4 — 5 Un peu de biais.

1 — 9 Tout entre dans le pli.

Autant vous faites plus long de 1 à 2, de 80 centimètres, autant il faut de drap de plus.

N° 21.

Observations sur les Pantalons.

Afin que l'on ne soit pas gêné pour se baisser, il faut ajouter de 1 à 2, au derrière, 2 à 3 centimètres, et réduire d'autant de 3 à 4, et de 4 à 5 un peu plus haut.

Pour un homme rompu et qui porte bandage, il faut faire fournir au devant de 1 à 2, de 3 à 4, de 4 à 5, autant que vous le jugez convenable.

Si vous coupez sans ceinture, suivre sur le plan de 6 à 7.

N° 22.

Autres observations sur les Pantalons.

Un pantalon auquel il manque du ventre, fait former un pli entre les jambes, de 1 à 2 et de 2 à 3; pour éviter ce défaut, il faut creuser de 3 à 2 et de 2 à 4.

A grand pont, tel que vous voyez sur le plan de 5 à 6.

Un pantalon qui fait des plis entre les jambes, a trop de largeur derrière. Cela provient de ce qu'il manque d'étoffe au genou, entre les jambes, et la largeur se trouve par côté. Il faut couper de 1 à 2, 2 ou 3 centimètres; ainsi que vous voyez sur le plan de 2 à 3, et de 2 à 4.

N° 23.

Pantalons qui ne montent pas assez haut et trop longs entre les jambes.

Pour le baisser, Il faut prendre les précautions, qui sont indiquées sur le plan pour le devant de 1 à 2 , et de 3 à 4 ; pour le derrière de 5 à 6 , 7 et 8.

9 — 10 Le plan indique à petit pont.

N° 24.

Pantalons trop larges.

Il faut rétrécir au derrière par côté, ainsi que vous voyez sur le plan de 1 à 2.

Si le pantalon ne touche pas entre les jambes, la faute vient du manque d'écart ; on ajoute une pointe de 1 à 2.

N° 25.

Gilets à la Chevalière.

Devant du Gilet.

Il est tracé avec la moitié grosseur du haut divisée en 48 parties. Voir l'explication de la mesure n. 79.

1 — 2 14 parties pour le point de l'épaulette.

2 — 3 1/2 grosseur du haut.

Poser le compas sur 3, tirer de 2 à 4 les épaulettes.

2 — 4 14 parties.

Du point de l'épaulette 2, de dessous les bras 5, 25 parties.

5 — 6 Un trait, et 12 parties.

5 — 7 5 parties.

7 — 8 Un trait.

3 — 9 24 parties.

2 — 10 Pour l'encolure 8 parties.

Poser le compas sur 10, tirer de 2 à 11 pour l'encolure.

Mesurer l'encolure, la mesure conduit plus haut ou plus bas.

Depuis le point de l'épaulette 2 jusqu'à la longueur du gilet 12 , la mesure de longueur en réduisant le dos par en haut.

3 — 13 2 centimètres 1/2 comptent pour le rempli à distance des boutons et boutonnières. S'il faut du ventre, mettre depuis 1 jusqu'à 6 centimètres, selon ce qu'on juge, de 13 à 14.

Dos du Gilet.

3 — 17 La moitié grosseur du haut.

15 — 16 Moitié grosseur du haut.

19 — 17 Un trait de

17 — 18 1/3 de la moitié grosseur du haut qui fait 16 parties, poser le compas sur 18, tirer de 2 à 19, ce qui donne la hauteur du dos.

3 — 26 Grosseur du bas.

26 — 19 Un trait.

19 — 20 8 parties.

21 — 22 18 parties.

22 — 23 Un trait.

20 — 22 14 parties.

Mesurer après la moitié grosseur du haut de dessous les bras.

15 — 6 et 24 à 25 6 centimètres de plus pour couture et mettre à l'aise.

N° 26.

Gilets pour un homme gros.

Un homme gros n'est plus dans les proportions : sa grosseur n'est pas en rapport avec sa grandeur. Un homme qui dépasse 48 centimètres de grosseur sous les bras, n'est plus dans les proportions pour ses profondeurs. S'il a 50 centimètres, la moitié grosseur du haut, on trace avec la mesure de sa grosseur, toutes les largeurs; pour les profondeurs, on diminue 2 centimètres : on trace avec une mesure de 48 centimètres. S'il a 54 centimètres, la moitié grosseur du haut, on trace avec la mesure de 54 centimètres toutes les largeurs, et les profondeurs avec une mesure de proportion de 50 centimètres.

Explications pour tracer un Gilet pour un homme gros.

Les mesures réduites pour les profondeurs, se nomment mesures de proportion.

1 — 2 Avec la mesure de sa grosseur, 14 parties pour le pont de l'épaulette.

2 — 3 1/2 grosseur du haut.

Poser le compas sur 3, tirer de 2 à 4 les épaulettes.

2 — 4 14 parties.

Du point de l'épaulette n. 2, avec la mesure réduite, dessous les bras 5, 25 parties.

5 — 6 Un trait et 12 parties.

5 — 7 5 parties.

7 — 8 Un trait.

3 — 9 24 parties.

2 — 10 Pour l'encolure, 8 parties.

Poser le compas sur 10, tirer de 2 à 11 pour l'encolure. Mesurer l'encolure, la mesure conduit plus haut ou plus bas.

Depuis le point de l'épaulette 2 jusqu'à la longueur 12, la mesure de longueur en réduisant le dos par en haut.

3 — 13 2 centimètres 1/2, compte pour le rempli, la distance des boutons et boutonnières. S'il faut du ventre, mettre depuis 1 jusqu'à 6 centimètres, selon que l'on juge convenable, de 13 à 14.

Explications pour le dos du n. 26.

3 — 17 La moitié grosseur du haut.

15 — 16 La moitié grosseur du haut.

19 — 17 Un trait.

17 — 18 16 parties, qui font un tiers de la moitié grosseur du haut.

Poser le compas sur 18. Tirer de 2 à 19, qui donne la hauteur du dos.

19 — 20 8 parties, avec la mesure de sa grosseur.

21 — 22 18 parties.

22 — 23 Un trait.

20 — 22 14 parties, après on mesure la moitié grosseur du haut sous les bras.

16 — 7, de 7 à 24 2 à 3 centimètres plus haut, pour faire descendre le dos, qui se trouve pour les hommes gros facilement trop long.

N⁰ 27.

Gilets de flanel sans couture sous les bras.

1 — 2 14 Parties.

2 — 3 Moitié grosseur du haut.

Poser le compas sur 3, tirer l'épaulette de 2 à 4.

2 — 4 14 Parties.

Du point de l'épaulette 2, dessous les bras 5, 25 parties.

5 — 6 Un trait, 5 parties.

7 — 8 Moitié grosseur du haut.

9 — 10 Moitié grosseur du haut, et 6 centimètres de surplus.

8 — 10 et 12 Un trait.

8 — 11 Un tiers, qui fait 16 parties.

Poser le compas sur 11, tirer de 2 à 12, qui donne la hauteur du dos.

12 — 13 8 parties.

14 — 15 18 parties.

13 — 15 14 parties.

15 — 16 Elargir de 2 jusqu'à 3 centimètres.

4 — 17 Elargir de 2 jusqu'à 3 centimètres.

2 — 18 8 parties. Poser le compas sur 18. Tirer de 2 l'encolure.

7 — 19 2 centimètres 1/2. S'il y a du ventre, mettre du surplus.

Si on fait croiser, tracer ainsi que l'on voit sur le plan 21, 22 et 23 pour les boutons; pour la croisure en dessous, 24, 25; 26 pour les boutonnières.

8 — 10 Creuser.

Explications pour les manches.

1 — 2 24 parties.

1 — 3 2 parties.

2 — 4 8 parties. Poser le compas sur 3, tirer de 5 à 6.

6 — 5 Largeur du poignet.

La plupart des longueurs de flanelle étant de 12 à 20, on met 77 centimètres de longueur.

N° 28.

Gilets collet droit, découvert en haut.

On trace comme le gilet à la Chevalière n. 25.

4   Encolure plus basse, et presque droite.

4 — 5 Autant on veut retrancher sur la poitrine.

2 — 3 3 centimètres de surplus, pour empêcher de bâiller par en haut.

1 — 2 Pour gilet ordinaire.

Observations pour les poches.

6 — 7 9 centimètres.

8 — 9 10 centimètres.

3 — 9 10 centimètres.

7 — 9 12 centimètres.

N° 29.

Gilets croisés.

On trace comme le gilet à la Chevalière n. 25, en observant de 1 à 2 un centimètre; de 2 à 3, dans le cas où il y a du ventre. Pour tracer la place des boutons, on met les anglaises sur le devant ; on trace la largeur des anglaises, après on supprime de 8 à 9, 2 centimètres. On faufile les anglaises de 4 à 5, de 6 à 7 ; tourner comme si on boutonnait à 10. Pour marquer les boutons de 10 à 11 ; après, marquer les boutonnières de 12 à 13. La même distance qu'on a de 13 à 14, la tracer de 10 à 15.

Observations pour les manches de Gilet.

On plie les doublures à double, de 2 à 3, 6 centimètres. Mesurer le tour de bras de 1 à 3, 5 centimètres plus large pour emboire. De 3 à 4, longueur de dessous le bras. Le bracelet ne compte pas pour mettre à l'aise, afin que la manche ne tire pas.

N⁰ 30.

Plan pour placer le Gilet à châle sur l'étoffe.

N⁰ 31.

Plan pour un Gilet à châle croisé.

N⁰ 32.

Plan pour un Gilet croisé sur l'étoffe.

N⁰ 33.

Plan pour placer le modèle, si on veut que les raies aillent de biais.

N⁰ 34.

Gilets à châle pour mettre les raies de biais.

N° 35.

Observations pour un homme dont le cou est long et porté en arrière, ou gros cou.

Il faut allonger le point de l'épaulette, de 1 à 2, de 2 centimètres. Si le cou est long, il faut baisser le dos de 1 à 2, de 1 ou 2 centimètres. Si le cou est court, faire le contraire, hausser de 1 ou 2 centimètres ; pour faire descendre le dos, allonger de 3 à 4.

N° 36.

Gilets dégagés autour du cou.

Quand le gilet est tracé, renverser l'épaulette de 1 à 2, de 2 centimètres. De 6 à 7, remplacer 2 centimètres. De 3 à 4, couper au dos 2 centimètres. De 4 à 5, laisser la largeur, comme elle existe étant coupée. De 8 à 9, plus large, pour mettre en rapport avec l'épaulette.

N° 37.

Pour corriger un Gilet qui remonte par devant.

Vérifier si le dos est assez long, car un dos trop court fait remonter un gilet par devant. Si le dos est à sa place, le défaut provient de ce qu'on a pas mis assez de ventre au devant. Faire déboutonner le gilet, pour voir à peu près combien il manque pour le ventre ; après cela il faut démonter le devant, relever un patron sans dédoubler le gilet ; ensuite ajouter au patron pour le ventre, autant qu'on juge qu'il manque. Tracer le patron sur le devant, de 1 à 2, de 2 à 3, le patron tourne, comme on voit sur le plan de 4 à 5, de 6 à 7, qui indique ce qu'on a à faire. Si l'on ne veut pas ajouter de 4 à 5, i faut baisser au dos de 8 à 9 et allonger de 10 à 11.

Nº 38.

Le gilet qui tire sur l'encolure, fait des plis sur l'épaule, et monte trop haut. Cela provient de ce que l'épaulette est trop droite et le dos trop long. Dans ce cas, il faut renverser l'épaulette, de 1 à 2, de 3 à 4, de 2 centimètres. Baisser le dos de 5 à 6, de 3 centimètres. De 6 à 7, de la même largeur qu'on a de 5 à 8.

Nº 39.

Gilets pour enfants.

Il se trace comme le gilet à la chevalière n. 25.

Observations.

Renverser l'épaulette de 1 à 2, et 3 parties.

3 — 4 De même.
5 — 6 Baisser le dos de 3 parties.
7 — 8 Un peu plus profond.
9 — 10 Fournir pour le ventre, de 5 à 6 parties.
10 — 11 La grosseur en bas.

Si l'on veut faire des pantalons à corsage, la mesure se prend pardessus l'épaule et entre les jambes ; on appelle cette mesure *prise à cheval*. Placer le pantalon sur les devants du gilet ; faire remonter jusqu'à ce que la moitié de la mesure que l'on a *prise à cheval* se rapporte de 14 à 15. De 10 à 16, marquer sur le gilet l'emplacement pour coudre ou boutonner les pantalons autour. Plus un enfant est grand et moins on renverse l'épaulette de 1 à 2, et de 3 à 4.

Nº 40.

Plan pour boutonner sur l'épaule.

N° 41.

Autant on coupe de 1 à 2, on fait fournir de 3 à 4, comme c'est indiqué sur le plan.

N° 42.

Pour le premier tracé des habits, redingotes, etc.

On trace avec demi grosseur du haut, divisée en 48 parties. Voir la planche n. 79, qui représente l'échelle de réduction avec laquelle on fait ses mesures.

Pour le tracé du dos.

1 — 2 15 parties pour une taille courte ; 16 et 17 parties pour une plus longue.
1 — 4 6 parties.
2 — 5 19 parties.
5 — 6 3 parties.
3 — 7 4 parties.
1 — 8 1 partie.

Observations pour le montage de la manche.

Si la longueur de la taille demande de 1 à 2, 17 parties, la couture de la manche doit se rencontrer à celle de l'épaulette ; et si de 1 à 2 on a 16 parties, la couture de la manche devra descendre de 1 centimètre de celle de l'épaulette, à 15 parties au milieu du dos, entre 5 et 6. Ayant fixé l'emplacement de la manche, si après l'avoir montée, en vérifiant sa tombée, elle allait trop en arrière, il faudra lui donner plus de profondeur devant, afin de la ramener à son aplomb sans trop l'évider dessous le bras.

Pour le tracé du devant.

1 — 2 et 3 Tirer à l'équerre.

2 — 4 Trait plus bas.

2 — 5 8 parties, un trait pour la longueur du devant et la hauteur des hanches.

2 — 6 30 parties, un trait pour dessous du bras.

6 — 7 23 parties, trait pour l'encolure.

6 — 1 28 parties, trait pour l'épaulette.

1 — 8 16 parties, trait d'avant-bras.

1 — 9 32 parties.

1 — 10 18 parties. — Point d'épaulette.

2 — 10 et 11 Un trait.

10 — 11 6 parties, placer l'équerre contre le trait de 2 à 11, tirer de 11 à 12, placer le dos contre le trait 10, 11 et 12, qui encadre le dos, et tracer l'épaulette.

6 — 13 Autant le dos aura de plus que 16 parties dans sa largeur des carrures.

Supposant que le dos ait 19 parties, rentrer de 6 à 13, 3 parties, pour fixer le point de côté. Si les carrures ont 1/3 de largeur, le point de côté se fixe sur le trait 6. Si les carrures ont seulement 14 parties de largeur, on fait fournir de 6 à 14, 2 parties, on fixe le point de côté sur le trait 14. Pour la taille et le dos, il faut qu'ils touchent contre le trait de 2 à 4, ça ne varie pas.

N° 43.

Habits ou Redingotes.

Pour le tracé du dos.

1 — 2 16 Parties.

1 — 3 Longueur de la mesure de la moitié grosseur du haut.

3 — 7 4 parties.

1 — 4 6 parties.

2 — 5 19 parties.

5 — 6 3 parties.

1 — 8 1 partie.

Pour le tracé de la manche.

1 —   2 et 8   Trait à l'équerre.

1 —   2 24 parties, on place le dos contre 2, de 4 à 5, 30
        parties.

1 —   3 3 parties, on mesure la largeur des carrures, longueur
        jusqu'au coude de 3 à 8 et à 11; longueur de la
        manche; poser le compas sur 3, tirer de 11 à 7.

7 —   11 ou 6   Largeur du bas de la manche.

8 —   9 Largeur du coude.

En mesurant l'emmanchure, si la manche est trop large, rétrécir
de 5 à 10.

Pour le tracé du devant.

1 —   2 et 3   Tirer à l'équerre.

2 —   4 Trait plus bas.

2 —   5 8 parties, trait pour la longueur du devant et la hauteur
        des hanches.

2 —   6 30 parties, trait pour le dessous du bras.

6 —   7 23 parties, trait pour l'encolure.

6 —   1 28 parties, trait pour l'épaulette.

1 —   8 16 parties, trait d'avant-bras.

1 —   9 32 parties.

1 —   10 18 parties, point d'épaulette.

2 —   10 et 11   Un trait.

10 —   11 6 parties. Placer l'équerre contre le trait de 2 à 11, tirer
        de 11 à 12, placer le dos contre le trait 10, 11 et
        12, qui encadre le dos, et tracer l'épaulette.

6 —   13 Autant le dos aura de plus de 16 parties.

On place le dos contre le trait 17, sur le trait 16. Contre le trait
18, on marque les côtés.

13 —   20 et 16   Creuser les côtés.

16 —   21 Rentrer de 2 centimètres.

18 —   19 Un petit crochet.

14 —   15 Un petit crochet.

22 — 23 Dépasser un peu le trait pour former l'emmanchure, placer le dos contre le point de côté.

Vérifier si l'on a 32 parties de 24 à 23.

Mesurer la grosseur du bas, de 17, 16, 21 et 27.

Grosseur du haut de 28 à 29, au moins 5 parties en plus.

25 — 26 3 ou 4 parties.

Vérifier si l'emmanchure se rapporte à la mesure prise.

N° 44.

Habit d'uniforme.

Explications pour le dos.

1 — 2 16 parties.

      4 Longueur de la taille.

1 — 3 Moitié grosseur du haut.

2 — 5 20 parties.

5 — 6 3 parties.

1 — 7 6 parties.

4 — 8 4 parties.

Observations pour les dos.

Comme la taille est plus courte que la moitié grosseur du haut, il faut toujours tracer, avec la moitié grosseur du haut, la longueur de la taille, une fois que le point de côté au devant, est fixé ; après, couper au patron du dos, de 4 à 8, ce que l'on a de surplus de la mesure de 4 à 3.

Explications pour le devant.

1 — 2 et 3 Un trait à l'équerre.

2 — 4 Un trait plus bas.

2 — 5 8 parties ; un trait pour la longueur du devant et la hauteur des hanches.

2 — 6 30 parties ; un trait pour le dessous du bras.

6 —   7 23 parties ; un trait pour l'encolure.

6 —   1 28 parties ; un trait pour l'épaulette.

1 —   8 16 parties ; un trait pour l'avant-bras.

1 —   9 32 parties.

1 — 10 18 parties ; le point d'épaulette.

2 — 10 et 11   Un trait.

10 — 11 6 parties ; placer l'équerre contre le trait de 2 à 11 ; tirer un trait de 11 à 12. Placer le dos contre les traits 10, 11 et 12, qui encadrent le dos, et tracer l'épaulette.

6 — 13 Autant le dos aurait de plus que 16 parties, dans sa largeur des carrures ; comme les carrures se trouvent de 20 parties de largeur, il s'y trouve 4 parties de surplus que 16 parties, il faut rentrer de 6 à 13, 4 parties. Placer le dos sur le trait 16, contre le trait 17 ; contre le trait 13, qui marque le point de côté 18, tirer un trait de 18 à 23 ; tracer les côtés après le dos, ensuite creuser le côté comme on le juge convenable.

16 — 21 2 parties.

21 — 20 Un trait.

18 — 19 Un petit crochet.

14 — 15 Un petit crochet. Vérifier si l'on a 32 parties de 23 à 24, qui font 2 tiers de la moitié grosseur du haut. Tracer l'emmanchure en dépassant un peu les traits de 22 à 23, de 30 à 31 dessous le bras, un peu plus haut, pour uniforme. Mesurer l'emmanchure, si elle se rapporte avec la mesure prise autour du bras en haut.

9 — 25 3 parties.

25 — 26 2 parties.

2 — 27 Grosseur en bas.

26 — 27 En rond.

28 — 29 On mesure la grosseur du haut ; il faut qu'il se trouve

au moins 5 parties de plus ; pour uniforme, il convient que l'on trace l'encolure haut, et l'on ajuste en l'essayant.

4 — 33 Pour la basque, la même distance que de 17 à 16.
33 — 34 Ordonnance.

Explications pour la manche.

1 — 2 24 parties ; on place le dos contre le trait 2.
4 — 5 30 parties.
1 — 3 3 parties ; poser le compas sur 3, tirer de 6 à 7.
7 — 6 Largeur en bas.
9 — 10 Largeur du coude.
3 — 8 La mesure de la manchure. Le surplus, autant qu'on veut faire emboire.

N° 45.

Observations pour Habits ou Redingotes.

Le dos de l'habit, la longueur de la taille, se rapportent avec la moitié grosseur sous les bras. Toute taille dépassant la largueur de 4 parties, demande à être rentrée de 3 à 7, suivant sa largeur de 1, 2, jusqu'à 3 centimètres pour sa cambrure.

1 — 2 15 parties pour la profondeur, et à 3 longueurs de la taille.
1 — 4 6 parties, cette mesure est invariable.
2 — 5 19 parties ; selon l'exigence de la mode, les carrures plus larges ou plus étroites.
5 — 6 3 parties, cette mesure pourra varier.
3 — 7 1 partie ; de 7 à 8, un trait.
7 — 8 6 parties, cette mesure pourra aussi varier.
3 — 9 4 parties ; faire une marque afin qu'elle serve pour le tracé du devant.
7 — 11 Un trait ; de 7 à 11 on coupe, après que le devant est tracé.

Explications pour tracer le devant.

1 — 2 et 3 Tirer à l'équerre.

2 — 4 Trait plus bas.

2 — 5 8 parties ; trait pour la longueur du devant et la hauteur des hanches.

2 — 6 30 parties ; trait pour le dessus du bras.

6 — 7 23 parties ; trait pour l'encolure.

6 — 1 28 parties ; trait pour l'épaulette.

1 — 8 16 parties ; trait d'avant-bras.

1 — 9 32 parties.

1 — 10 18 parties ; point d'épaulette.

2 — 10 et 11 Un trait.

10 — 11 6 parties ; placer à l'équerre contre le trait de 2 à 11, tirer de 11 à 12 ; placer le dos contre le trait 10, 11 et 12, qui encadre le dos, et tracer l'épaulette.

6 — 13 Autant le dos est plus large que 16 parties ; supposez que le dos ait 19 parties de largeur de carrure, on rentre de 6 à 13, 3 parties.

13 — 14 Un trait.

Placer le dos sur le trait 17 ; le point qu'on aura marqué de 4 parties contre le trait 2 ; contre le trait de 13 à 14, marquer les côtés.

15 — 16 Un petit crochet.

19 — 20 Un petit crochet.

22 — 23 On rentre 2 centimètres pour la cambrure.

23 — 21 Tel qu'on voit sur le plan.

On trace l'emmanchure, on dépasse de 24 à 25. On place le dos contre le point de côté. On mesure de 25 à 26, il faut qu'il se trouve 2/3 de la moitié grosseur de dessous le bras, qui font 32 parties. On mesure l'emmanchure et on fait rapporter avec la mesure prise autour du bras, en haut.

9 — 27 On trace l'encolure plus haut ou plus bas, selon la mode.

27 — 28 3 parties ; si l'on veut plus découvert, 2 parties.

18 — 29 La grosseur d'en bas.

Vérifier la grosseur de dessous le bras de 30 à 31, il faut qu'il se trouve 5 parties de plus, pour le mouvement de la poitrine.

Explications pour les basques d'habits.

23 — 29 Tirer un trait; 33, donner un peu de rond.

2 — 23, de 4 à 32   La même distance.

32 — 34 Pour un homme qui a de fortes fesses et qui marche droit.

32 — 35 Pour un homme voûté ou qui a les fesses rentrées.

N° 46.

Habits ou Redingotes.

1 — 2 16 parties à 4 longueurs de la taille.

1 — 3 La moitié grosseur du haut, on marque de 3 à 10.

3 — 8 Une partie.

8 — 10 6 parties, plus ou moins.

3 — 6 Marquer 4 parties; remployer le dos de 3 à 10, pour tracer le devant.

1 — 7 parties.

2 — 5 19 parties, plus ou moins.

5 — 6 3 parties.

Explications pour tracer le devant.

1 — 2 Tirer à l'équerre.

2 — 4 Trait plus bas.

2 — 5 8 parties; trait pour la longueur du devant et la hauteur des hanches.

2 — 6 30 parties; trait pour le dessous du bras.

6 — 7 23 parties; trait pour l'encolure.

6 — 1 28 parties; trait pour l'épaulette.

1 — 8 16 parties; trait d'avant-bras.

1 — 1 32 parties.

1 — 10 18 parties; point d'épaulette.

2 — 10 et 11   Un trait.

10 — 11 6 parties; placer l'équerre contre le trait de 2 à 11, tirer de 11 à 12. Placer le dos contre le trait de 10,

11 et 12, qui encadre le dos, et tracer l'épaulette. Remployer le dos sur la taille autant qu'il se trouve plus long que la moitié grosseur de dessous le bras. Faire la marque de 4 parties, placer sur le trait 17. Contre le trait 16, contre le trait de 13 à 19, tracer les côtés. Creuser les côtés à 22; rentrer de 2 centimètres pour la cambrure; de 21 à 23, déplacer le dos et descendre les côtés à la longueur du dos, tel que l'on voit sur le plan de 31 à 23, et de 27 à 28.

18 — 19 et de 14 à 15   Un crochet. Marquer l'emmanchure. Placer le dos contre le point de côté. Vérifier avec les carrures, jusqu'à l'avant-bras, si 32 parties se rapportent. Mesurer l'emmanchure, il faut qu'elle se rapporte à peu près avec la mesure qu'on a prise autour du bras, en haut.

9 — 25 Plus ou moins bas.

25 — 26 3 parties; vérifier de 29 à 30, il faut qu'il se trouve 5 parties de plus que dessous les bras.

N° 47.

Habits.

Carrure 1/3 de largeur, de la moitié grosseur, dessous le bras, qui font 16 parties, qui indiquent comme est la coupe, qui varie d'elle-même suivant la mode.

Explications pour le dos.

1 — 2 15 parties.

1 — 3 Longueur de la taille, qui se rapporte avec la moitié grosseur dessous le bras.

1 — 4 6 parties.

2 — 5 16 parties.

5 — 6 3 parties.

3 — 7 4 parties.

Explications pour le devant.

1 — 2 et 3 Tirer à l'équerre.

2 — 4 Trait plus bas.

2 — 5 8 parties ; un trait pour la longueur du devant et la
hauteur des hanches.

2 — 6 30 parties ; un trait pour dessous du bras.

6 — 7 23 parties pour l'encolure.

6 — 1 28 parties pour l'épaulette.

1 — 8 16 parties ; trait d'avant-bras.

1 — 9 32 parties.

1 — 10 18 parties ; point d'épaulette.

2 — 10 et 11 Un trait.

10 — 11 6 parties ; placer l'équerre contre les traits, de 2 à 11 ;
tirer de 11 à 12 ; placer le dos contre les traits 10,
11 et 12, qui encadre le dos, et tracer l'épaulette.

Placer le dos sur le trait 2, contre le trait 17, contre le trait 18,
qui donne la hauteur du point de côté.

18 — 13 Un petit crochet.

14 — 15 Un petit crochet.

16 — 19 On creuse selon que l'on juge utile.

16 — 20 2 parties.

21 — 22 On dépasse un peu le trait, pour vérifier si l'on a le milieu du dos jusqu'au 22, deux tiers de la moitié grosseur dessous le bras. On mesure l'emmanchure, que
l'on fait rapporter à peu près à la grosseur dont on a
pris mesure autour de la manchure.

9 — 23 Selon la mode.

23 — 24 3 parties.

17 — 25 La moitié grosseur en bas.

26 — 27 La moitié grosseur dessous le bras, et 5 parties de plus,
pour mettre à l'aise.

Explications pour la manche.

1 — 2 24 parties ; placer le dos contre 2.

4 — 5 30 parties.

1 — 3 3 parties ; mesurer de 3 à 5, pour savoir combien on veut faire emboire.

3 — 6 Le coude, et 7 longueurs de la manche, en réduisant la largeur de carrure.

Poser le compas sur 3, tirer de 7 à 8.

8 — 7 Largeur de la manche en bas.

6 — 9 Largeur du coude.

N° 48.

Habits.

Carrure étroite, 14 parties de largeur, taille plus courte que la moitié grosseur du haut.

1 — 3 15 parties.

2 — 5 Longueur de la taille.

1 — 4 Moitié grosseur dessous le bras.

3 — 6 14 parties.

6 — 7 3 parties.

2 — 8 6 parties ; la largeur de la taille, 4 parties. Tracer le devant avec la longueur, de 2 à 4.

Explications pour tracer le devant.

1 — 2 et 3 Tirer à l'équerre.

2 — 4 Trait plus bas.

2 — 5 8 parties, un trait pour la longueur du devant et la hauteur des hanches.

2 — 6 30 parties, un trait pour dessous du bras.

6 — 7 23 parties ; trait pour l'encolure.

6 — 1 28 parties ; trait pour l'épaulette.

1 — 8 16 parties ; trait d'avant-bras.

1 —   9 32 parties.

1 — 10 18 parties ; point d'épaulette.

2 — 10 et 11   6 parties ; placer l'équerre contre le trait de 2
à 11 ; tirer de 11 à 12 ; placer le dos contre le trait
10 , 11 , 12, qui encadre le dos , et tracer l'épaulette.

Comme il manque deux parties aux carrures, pour faire un tiers,
il faut faire fournir de 22 à 17 , deux parties. Placer le dos sur le
trait 2, contre le trait 16 et 15 ; tracer les côtés et le point de l'é-
paulette 17.

17 — 22 Un petit crochet. Après couper au dos autant que l'on
a pris de mesure pour longueur de la taille. Ensuite
placer le dos de 15 à 18 et à 20, comme on le voit
sur le plan.

20 — 21 2 parties.

21 — 19 et 13   Ainsi que l'on voit sur le plan.

23 — 24 Dépasser un peu le trait.

9 — 27 Selon la mode.

27 — 28 4 parties ; mesurer la grosseur en bas, en réduisant la
taille du dos. Mesurer la grosseur dessous le bras de
25, 6 et 26 ; et cinq parties de plus pour mettre à
l'aise.

Autant la taille est plus courte, de 15 à 18, autant il faut couper
de 29 à 30.

Explications pour la manche.

1 —   2 24 parties ; placer le dos contre le trait 2.

3 —   4 30 parties.

1 —   5 3 parties.

5 —   4 Mesurer et mettre de surplus pour faire emboire, selon
la mode.

5 —   6 Le coude, à 7 longueurs de la manche, en réduisant la
largeur de carrure. Poser le compas sur 5, tirer de
7 à 8.

8 —   7 Largeur en bas.

N° 49.

Pour un homme gros.

On appelle un homme gros, celui qui n'est pas dans ses proportions pour sa grosseur. Si on trace avec la mesure de dessous les bras, toutes les proportions deviendront trop grandes et trop profondes. Pour éviter ce défaut, il faut établir une mesure de proportion ; il faut juger un homme par sa grandeur, on diminue la mesure de dessous le bras, de 2 jusqu'à 6 centimètres. Cette mesure sert pour tracer les profondeurs, les largeurs des carrures et le placement de l'épaulette, et toutes les largeurs avec la mesure prise de dessous les bras.

J'appelle la mesure réduite, la mesure de proportion.

Explications pour tracer le dos.

1 — 3 16 parties ; avec la mesure de proportion.

1 — 4 Longueur de la taille.

2 — 5 6 parties ; avec la mesure de sa grosseur prise dessous les bras.

3 — 6 19 parties ; avec la mesure de proportion.

6 — 7 3 parties.

4 — 8 1 partie.

8 — 9 6 parties ; plus ou moins, selon la mode.

4 — 10 4 parties.

Vérifier la longueur de la taille avec la moitié grosseur de la mesure de proportion. Si la taille se trouve plus courte de 2 à 8, on met à la longueur de la demi-grosseur de dessous les bras, avec la mesure de proportion, pour tracer le devant ; quand le devant est tracé mettre le dos à la longueur de la mesure prise.

Explications pour le tracé du devant.

1 — 2 et 3 Tirer à l'équerre.

2 — 4 Trait plus bas.

2 — 5 8 parties ; un trait pour la longueur du devant, hauteur des hanches.

2 — 6 30 parties ; un trait pour les dessous de bras.

6 — 7 23 parties ; un trait pour l'encolure.

6 — 1 28 parties ; trait pour l'épaulette. Mesure de proportion.

1 — 8 16 parties ; trait d'avant-bras.

1 — 9 32 parties.

1 — 10 18 parties ; point d'épaulette. Mesure de proportion.

2 — 10 et 11 Un trait.

10 — 11 6 parties ; placer l'équerre contre le trait de 2 à 11, tirer de 11 à 12 ; placer le dos contre le trait 10, 11 et 12, qui encadre le dos, et tracer l'épaulette.

6 — 13 Autant le dos aura de plus que 16 parties dans sa largeur des carrures ; supposant que le dos ait 19 parties, rentrer de 6 à 13, 3 parties, pour fixer le point de côté ; placer le dos sur le trait 2 ; faire arriver la marque de 4 parties, de 17 à 16, contre le trait 13 ; marquer le point de côté 18 ; tracer les côtés d'après le dos ; de 14 à 15, de 18 à 19, un crochet.

20 — 21 Faire fournir de 3 à 4 centimètres pour des hommes gros tout autour. Pour des ventres en avant ne pas faire fournir autant.

22 — 23 Faire dépasser un peu le trait ; mesurer l'emmanchure pour mettre en rapport avec la mesure prise en haut de la manche.

9 — 25 Dépend de la mode.

25 — 26 3 parties.

17 — 24 Grosseur en bas.

27 — 28 Grosseur de dessous les bras et 5 parties de plus.

Explications pour la manche.

1 — 2 24 parties ; placer le dos contre 2.

3 — 4 30 parties ; avec la mesure de proportion.

5 — 9 Largeur de la manche.

5 — 6 Coude et 7 longueurs. Poser le compas sur 5, tirer de 7 à 8.

8 — 7 Largeur de la manche, en bas.

Nº 50.

Pardessus.

Prendre mesure par-dessus l'habit; quand le devant est tracé, faire fournir l'épaulette de 1 à 2; 3 parties pour faire place au col de l'habit.

3 — 4 Faire fournir 3 centimètres pour empêcher de trop toucher.

Nº 51.

Observations pour les enfants.

Pour les enfants renverser l'épaulette.

1 — 2 3 parties.

2 — 3 Allonger l'épaulette de 2 parties.

4 — 5 Autant que de 1 à 2.

6 — 7 Baisser les côtés de 2 parties; à mesure que l'enfant grandit, moins renverser l'épaulette, moins baisser les côtés.

Nº 52.

De l'avant-bras.

1 — 2 Marquer 10 centimètres sur le patron; tirer un trait du point de l'épaulette de 3 à 2 et 4; quand on place le patron sur le drap, mesurer la distance de 3 à 5, de 4 à 6, il faut qu'elle soit égale; par ce moyen le droit fil de l'étoffe se trouve de 3 à 2. Il est très utile d'avoir le biais de 3 à 1; l'expérience en est très facile à faire : couper deux devants en toile, placer le patron pour faire

venir le droit fil de 3 à 1 , et l'autre patron faire venir le droit fil de 3 à 2; on les essaie, celui qui est droit fil de 3 à 1 , va gêner autour du bras , et faire un pli de 3 à 1 ; celui qui est droit fil de 3 à 2, ne fera pas de même. On voit des habits où le droit fil va de 3 à 1 ; en le portant il se forme des petits plis à l'avant-bras. Pour prendre des précautions à l'essayage pour avoir la facilité, dans le cas où il y aurait quelque chose à retoucher, sans déranger la grâce ni l'élégance du vêtement, il faut laisser dedans , de 11 à 12, de 7 à 8, de 9 à 10, de 13 à 14, de 15 à 16, tels que l'on voit sur le plan.

N° 53.

Jupe de Tuniques ou Redingotes.
Pour une Tunique.

1 — 3 1/3 de la moitié grosseur en bas ; poser le compas sur 1, tirer de 3 à 4; mesurer de 3 à 4 avec le devant; placer le devant à 4, tel que l'on voit sur le plan où le côté guide pour tirer le pli de 4 à 5.

4 — 5 Longueur de la jupe; poser le compas sur 1, tirer de 5 à 2. Pour une redingote à jupe ample, on met de 1 à 3, 60 centimètres; excepté si c'est un homme gros et qu'on désire donner la même proportion à la jupe, il faut augmenter de 20 centimètres. Si on veut faire la jupe moins ample, il faut mettre de 1 à 3, 80 centimètres.

N° 54.

Jupes plates.

1 — 3 1 mètre.

3 — 2 Longueur de la jupe ; poser le compas sur 1 , tirer de

3 à 4, de 2 à 5 ; mesurer avec le devant de 3 à 4 ;
placer le devant contre 4, le côté guide la largeur de
la jupe ; de 4 à 5, tel que l'on voit sur le plan.

N° 55.

Touines à taille large.

Pour le dos.

1 — 3 15 parties.
1 — 13 20 parties.
1 — 12 La 1/2 grosseur de dessous les bras.
4 — 8 1 partie ; tirer un trait de 8 à 13.
4 — 9 2 parties ; tirer un trait de 9 à 15.
4 — 10 3 parties.
3 — 5 20 parties.
5 — 6 3 parties.
13 — 14 23 parties.
2 — 7 6 parties.
10 — 11 14 parties ; couper le dos de 4 à 1.
4 — 12 4 parties ; pour tracer le devant on se sert de la marque
12, comme si c'était une taille étroite.

Explications pour le devant.

1 — 2 et 3 Tirer à l'équerre.
2 — 4 trait plus bas.
2 — 5 8 parties ; un trait pour la longueur du devant et la hauteur des hanches.
2 — 6 30 parties ; un trait pour le dessous du bras.
6 — 7 23 parties ; un trait pour l'encolure.
6 — 1 28 parties ; trait pour l'épaulette.
1 — 8 16 parties ; trait d'avant-bras.
1 — 9 32 parties.
1 — 10 18 parties ; point d'épaulette.
2 — 10 et 11 Un trait.

10 — 11 6 parties; placer l'équerre contre le trait de 2 à 11, tirer de 11 à 12; placer le dos contre le trait 10, 11 et 12, qui encadre le dos, et tracer l'épaulette.

6 — 13 Autant le dos est plus large d'un tiers de la 1|2 grosseur de dessous les bras qui font 16 parties; le dos de 13 à 14 a 23 parties : il se trouve donc 7 parties de plus que 16, qu'il faut rentrer de 6 à 13. Remployer le dos de 6 à 13, comme si c'était une taille étroite; mettre la marque 12 du dos sur le trait 16; faire toucher le trait 17 pour marquer le point de côté; placer le dos contre 18; marquer les côtés.

19 — 21 Faire fournir de 4 parties pour faire remplacer au suçon.

18 — 20 Un petit crochet.

14 — 15 Un petit crochet.

23 — 24 Dépasser un peu; mesurer si l'emmanchure se rapporte avec la mesure prise autour du bras, en haut.

9 — 32 L'encolure à volonté.

32 — 32 2 parties; mesurer la grosseur en bas, de 2 à 22.

25 — 26 10 centimètres.

10 — 26 et 27   Un trait.

28 — 22 Un trait jusqu'à 29 et jusqu'en haut, distance égale.

Pour Touine droite.

30 — 35 et 31 à 34   Pour touine croisée; poser le compas sur 10, tirer de 27 à 36.

Explications pour la manche.

1 — 2 24 parties; placer le dos contre le trait 2.

3 — 4 30 parties.

1 — 5 3 parties.

5 — 6 Largeur de la manche.

22 — 30 et de 29 à 31   5 parties égales.

N° 56.

Touines à dos sans couture au milieu.

Explications pour le dos.

1 — 3 17 parties.
1 — 4 1/2 grosseur de dessous les bras.
1 — 5 Longueur totale.
3 — 6 19 parties.
6 — 7 3 parties.
2 — 8 6 parties.
4 — 9 8 parties.
4 — 10 4 parties, qui servent pour tracer le devant.

Explications pour le devant.

1 — 2 et 3 Tirer à l'équerre.
2 — 4 Trait plus bas.
2 — 5 8 parties; un trait pour la longueur du devant et la hauteur des hanches.
2 — 6 30 parties; un trait pour le dessous du bras.
6 — 7 23 parties, trait pour l'encolure.
6 — 1 28 parties; trait pour l'épaulette.
1 — 8 16 parties; trait d'avant-bras.
1 — 9 32 parties.
1 — 10 18 parties; point d'épaulette.
2 — 10 et 11 Un trait.
10 — 11 6 parties; placer l'équerre contre le trait 2 à 11, tirer de 11 à 12; placer le dos contre le trait 10, 11 et 12 qui encadre le dos, et tracer l'épaulette.
6 — 13 Autant le dos aura de plus que 16 parties dans sa largeur des carrures; supposant que le dos ait 19 parties, rentrer de 6 à 13, 3 parties, pour fixer le point de côté, placer le dos sur le trait de 2 à 17; la marque du dos comme on le voit sur le plan 17.

17 — 2 Le dos touche contre le trait 2 , en haut, contre le trait de 13 à 14, qui fixe le point de côté ; tracer les côtés d'après le dos ; après, faire fournir de 19 à 21 , 3 parties.

22 — 23 Dépasser le trait.

18 — 20 et de 15 à 16   Un crochet.

Mesurer l'emmanchure pour savoir si elle se rapporte avec la mesure prise autour du bras, en haut.

9 — 24 L'encolure.

24 — 25 4 parties.

26 — 27 10 centimètres.

2 — 30 La grosseur en bas, un trait de 30 à 31 , et de 30 à 29; mesurer la grosseur de dessous les bras, de 32 à 33, il faut qu'il se trouve au moins 5 parties de plus ; de 30 à 34, de 29 à 35 , pour la croisure, et 25 pour le suçon.

17 — 4 Selon qu'on fait la jupe ample.

N° 57.

Dos pour Soutane.

1 — 2 Pour le pli, crever.

2 — 3 Tel que l'on voit sur le plan.

3 — 4 Longueur de la soutane.

Poser le compas sur 3, tirer de 4 à 6.

4 — 6 75 centimètres de 45.

4 — 5 70 centimètres, longueur pour la queue.

Explications pour la manche.

1 — 2 24 parties ; placer le dos contre le trait 2, tel que l'on voit sur le plan.

3 — 4 30 parties.

1 — 5 3 parties.

5 —   7 et 8   Coude et longueur de la manche en réduisant les carrures de 2 à 3

5 —   6 Largeur de la manche pour l'emmanchure.

7 —   10 Largeur du coude; poser le compas sur 5, tirer de 8 à 9.

9 —   8 Longueur du poignet.

Nº 58.

Devant de la Soutane.

Explications pour le dos.

1 —   3 15 parties.

1 —   4 23 parties.

1 —   5 1|2 grosseur de dessous les bras.

5 —   10 1 partie.

5 —   11 2 parties.

5 —   12 3 parties; tirer un trait de 10 à 14.

11 —   12 Un peu plus bas.

15 —   13 16 parties.

3 —   6 19 parties.

6 —   7 3 parties.

2 —   8 6 parties.

14 —   9 22 parties; mesurer l'encolure de 10 à 23, il faut 3 centimètres de plus que la mesure du col, pour laisser la place des boutons et boutonnières.

5 —   15 4 parties; couper le dos de 10 à 2.

12 —   5 Couper quand le devant est tracé.

Explications pour le devant.

1 —   2 et 3   Tirer à l'équerre.

2 —   4 Trait plus

2 —   5 8 parties; un trait pour la longueur du devant et la hauteur des hanches.

2 —   6 30 parties ; un trait pour le dessous du bras.

6 —   7 23 parties ; trait pour l'encolure.

6 — '1 28 parties ; trait pour l'épaulette.

1 —   8 16 parties ; trait d'avant-bras.

1 —   9 32 parties.

1 — 10 18 parties ; point d'épaulette.

2 — 10 et 11   Un trait.

10 — 11 6 parties ; placer l'équerre contre le trait de 2 à 11 ,
tirer de 11 à 12 ; placer le dos contre le trait 10, 11
et 12, qui encadre le dos, et tracer l'épaulette.

6 — 13 Autant le dos aura de plus que 16 parties dans sa largeur des carrures ; supposant que le dos 14 ait 22
parties, on rentre de 6 à 13, 6 parties, pour fixer
le point de côté.

Placer la marque 15 que l'on a, au dos du n. 17 ; faire toucher
le trait 18 et le trait 13, qui donnent la hauteur du point de côté ;
après, couper au dos les 3 parties que l'on a rentré de 13 à 14 ;
placer le dos sur le point de côté ; faire toucher le trait 2 ; marquer
les côtés ; tel que l'on voit le dos en trait sur le plan.

19 — 21 Faire fournir de 3 parties.

15 — 16 et de 13 à 20   Un crochet.

24 — 25 10 centimètres le point d'épaulette ; jusqu'à 25 et 26,
un trait.

2 — 22 Grosseur en bas, et 3 centimètres de plus.

27 — 22, 25 à 32, et 26 à 28   Distances égales.

Poser le compas sur 19, tirer de 29 à 30.

28 — 30 1 mètre 20 centimètres , largeur.

N° 59.

Cloches ou Paletots sacs.

Pouvant servir pour Robes de chambre ou Carricks.

Explications pour le dos.

1 —   3 15 parties.

1 — 4 21 parties.
3 — 7 19 parties.
7 — 8 3 parties.
2 — 9 6 parties.
4 — 10 22 parties.
1 — 5 1/2 grosseur de dessous les bras.
2 — 6 Longueur totale.
5 — 11 4 parties.

Explications pour le devant.

1 — 2 et 3   Tirer à l'équerre.
2 — 4 Trait plus bas.
2 — 5 8 parties; un trait pour la longueur du devant et la hauteur des hanches.
2 — 6 30 parties; un trait pour le dessous du bras.
6 — 7 23 parties; trait pour l'encolure.
6 — 1 28 parties; trait pour l'épaulette.
1 — 8 16 parties; trait d'avant-bras.
1 — 9 32 parties.
1 — 10 18 parties; point d'épaulette.
2 — 10 et 11   Un trait.
10 — 11 6 parties; placer l'équerre contre le trait de 2 à 11, tirer de 11 à 12; placer le dos contre le trait de 10, 11 et 12, qui encadre le dos, et tracer l'épaulette. Le dos se trouve de largeur, de 4 à 10, 22 parties, ça porte 6 parties de plus que 1/3 moitié grosseur de dessous les bras, qui font 16 parties.
6 — 13 6 parties.

La marque que l'on a de 5 à 11, on la place sur le trait 20; faire toucher le trait 19 contre le trait de 13 à 14, pour fixer le point de côté 17.

17 — 18 et 15 à 16   Un petit crochet.
21 — 22 Dépasser un peu.
13 — 33 Largeur selon la mode.
23 — 24 10 centimètres.

7

Un trait du point de l'épaulette 10 à 24 et 29.

25 — 26 1/2 grosseur sous les bras, et 5 parties de plus pour
     mettre à l'aise.

26 — 27 , et 27 à 28   Pour la croisure.

24 — 28 , 29 à 30   La même distance.

9 — 31 L'encolure.

31 — 32 4 parties.

Explications pour la manche.

3 — 4 30 parties.

5 — 6 3 parties.

6 — 4 Largeur de la manche.

N° 60.

Vestes à la Marseillaise, ou rondes.

Explications pour le dos.

1 — 3 16 parties.

3 — 6 19 parties.

6 — 7 3 parties.

2 — 8 6 parties.

2 — 4 1/2 grosseur de dessous les bras ; faire une marque de
     4 à 10.

2 — 5 Longueur totale.

4 — 9 2 parties.

9 — 10 10 parties.

4 — 11 4 parties qui servent pour tracer le devant.

Explications pour tracer le devant.

1 — 2 et 3   Tirer à l'équerre.

3 — 4 Trait plus bas.

2 — 5 8 parties ; un trait pour la longueur du devant et la
     hauteur des hanches.

2 — 6 30 parties ; un trait pour dessous de bras.

6 — 7 23 parties ; un trait pour l'encolure.

6 — 1 28 parties ; trait pour l'épaulette.

1 — 8 16 parties ; trait d'avant-bras.

1 — 9 32 parties.

1 — 10 18 parties ; point d'épaulette.

2 — 10 et 11 Un trait.

10 — 11 6 parties ; placer l'équerre contre le trait de 2 à 11, tirer de 11 à 12 et placer le dos contre le trait 10, 11 et 12, qui encadre le dos, et tracer l'épaulette.

6 — 13 Autant le dos aura de plus que 16 parties dans sa largeur des carrures ; supposant que le dos ait 19 parties, il faut rentrer de 6 à 13, 3 parties, pour fixer le point de côté ; placer le dos, marqué 11, sur le trait 19 ; faire toucher le trait 20 contre le trait de 13 à 14, pour fixer le point de côté ; après, couper les deux parties que l'on a rentré de 4 à 9 ; replacer le dos contre le point de côté, contre le trait 2 ; marquer les côtés.

21 — 22 Un peu en creusant.

17 — 18 et 15 à 16 Un petit crochet.

Mesurer l'emmanchure pour savoir si elle se rapporte avec la mesure prise en haut du bras.

20 — 30 Grosseur en bas.

21 — 30 Un trait.

21 — 31 et 32 à 33 Tel que l'on voit sur le plan.

25 — 26 Grosseur de dessous les bras, et 5 parties de plus.

26 — 27 Pour la croisure.

9 — 28 Selon la mode.

28 — 29 4 parties.

Explications pour la manche.

1 — 2 24 parties ; placer le dos contre 2.

3 — 4 30 parties.

4 — 5 3 parties.

6 — 9 Largeur de la manche en rapport avec l'emmanchure ; poser le compas sur 5 ; tirer de 7 à 8.

Nᵒ 61.

Vestes rondes ou Marseillaises, avec suçon sous les bras.

Explications pour le dos.

1 — 3 16 parties.
1 — 4 1/2 grosseur de dessous les bras.
1 — 5 Longueur totale.
3 — 6 19 parties.
6 — 7 3 parties.
2 — 8 6 parties.
4 — 9 2 parties.
9 — 11 8 parties.
4 — 10 4 parties qui servent pour tracer le devant.

Explications pour le devant.

1 — 2 et 3   Tirer à l'équerre.
2 — 4 Trait plus bas.
2 — 5 8 parties ; trait pour la longueur du devant et la hauteur des hanches.
2 — 6 30 parties ; trait pour dessous du bras.
6 — 7 23 parties ; trait pour l'encolure.
6 — 1 28 parties ; trait pour l'épaulette.
1 — 8 16 parties ; trait d'avant-bras.
1 — 9 32 parties.
1 — 10 18 parties ; point d'épaulette.
2 — 10 et 11   Un trait.
10 — 11 6 parties ; placer l'équerre contre le trait de 2 à 11, tirer de 11 à 12 ; placer le dos contre le trait 10, 11 et 12, qui encadre le dos, et tracer l'épaulette.
6 — 13 Autant le dos aura de plus que 16 parties dans sa largeur des carrures ; supposant que le dos ait 19 parties, il

faut rentrer de 6 à 13 , 3 parties , pour fixer le point de côté ; la marque que l'on a de 4 à 10 , on la place sur 16, contre 17 et contre le trait de 13 à 19 , pour fixer la hauteur des côtés.

18 — 22 Un trait ; couper au dos les 2 centimètres que l'on a rentré ; replacer le dos sur le point de côté ; contre le trait 2 marquer les côtés.

14 — 15 Un petit crochet.

22 — 23 Dépasser un peu le trait ; tracer le suçon dessous le bras ; comme le suçon fait baisser d'un centimètre le point de côté, il faut le hausser, de 20 à 21, d'un centimètre, et faire fournir tout le long des côtés également d'un centimètre.

17 — 26 Grosseur en bas, en mettant de plus ce que le suçon a réduit.

30 — 26 Un trait.

30 — 31 et 32 à 33   Tel que vous voyez sur le plan.

27 — 28 Grosseur de dessous les bras , et 5 parties de plus.

28 — 29 Pour la croisure.

9 — 24 Selon la mode.

24 — 25 4 parties.

N° 62.

Manche avec une couture dessous les bras.

Le tracé est le même que les autres , la différence se trouve d'un trait tiré de 1 à 2 , et de 3 à 4 ; en pliant son patron sur ces deux traits et en faisant fournir à chaque côté, ce qui donne le dessous de la manche avec la couture au milieu ; de 7 à 5 , rétrécir de 2 centimètres ; tel que l'on voit sur le plan de 5 à 6.

N° 63.

Manche avec couture dessous le bras sortant au coude.

Le tracé est le même que les autres ; la différence est que l'on coupe au-dessous de la manche de 1 à 2 ; ce que l'on a coupé de 1 à 3, on le remplace de 3 à 5 et 2, et l'on rétrécit, de 5 à 4, deux centimètres.

N° 64.

Manche avec couture dessous le bras sortant au poignet.

Le tracé est toujours le même que les autres ; après le tracé fait, faire fournir de 1 à 3 la moitié du dessous de manche, et de 4 à 2 tel que le plan. Replier le patron sur le tracé de 1 à 2, ce qui donne au tournant du coude de l'ampleur, faire alors une pince de 4 à 5 ; cela fait, replier le patron sur le trait 9, 11 et 7, ce qui nécessite d'étendre la manche de 12 à 13.

14 — 3 Rétrécir de 2 centimètres.

N° 65.

Pour un homme ayant les épaules hautes.

Les épaules hautes font varier dessous les bras de 3 à 4 centimètres ; la moitié grosseur de dessous les bras se diminue de 2 centimètres pour jeunes gens ou enfants, et de 3 et 4 pour les tailles ordinaires ; toutes les profondeurs sont tracées avec la mesure réduite ; toutes les largeurs sont tracées avec la mesure sans réduction.

Pour un homme dont le cou et long, on emploie pour le placement de l'épaulette la mesure non réduite ; et pour un homme dont le cou et court, on prend la mesure réduite comme je l'ai dit de 3 et 4 centimètres, et l'on baisse la pointe de côté de 1 centim.

Pour le tracé du dos.

1 —   3 17 parties ; avec la mesure réduite.

3 —   5 19 parties ; avec la mesure non réduite.

5 —   6 3 parties.

2 —   7 6 parties ; avec la mesure non réduite.

2 — 11 Longueur de la taille.

2 —   4 La moitié grosseur de dessous bras.

4 —   8 1 centimètre.

8 —   3 Un trait.

8 —   9 6 parties ; ou plus, selon la mode.

Le dos étant tracé, on le coupe sur le trait, de 2 à 11 ; plier le patron de 4 à 9, faire une marque de 4 à 10, en y mettant 4 parties qui servent à fixer le point de la hauteur des côtés. Le patron du dos sera plié au trait 4, pour le tracé du devant.

Pour le tracé du devant.

1 —   2 et 3   Tirer à l'équerre.

2 —   4 Trait plus bas.

2 —   5 8 parties ; avec la mesure réduite.

2 —   6 30 parties ; avec la mesure réduite.

6 —   7 23 parties ; avec la mesure réduite.

6 —   1 28 parties ; avec la mesure réduite.

1 —   8 16 parties ; avec la mesure non réduite.

1 —   9 32 parties ; avec la mesure non réduite.

1 — 10 18 parties ; avec la mesure non réduite, et pour un cou court, à la mesure réduite.

2 — 10 et 11   Un trait.

10 — 11 6 parties ; avec la mesure non réduite ; placer l'équerre contre le trait de 2 à 11, tirer de 11 à 12 ; placer le dos contre 10, 11 et 12, qui encadre le dos, et tracer l'épaulette.

6 — 13 Autant les carrures seront plus larges que 16 parties.

Placer la marque 10 du dos sur le trait 17 du devant, en faisant toucher le trait 16 qui donne la hauteur des côtés, tel que le plan le représente; le dos tracé en petit point. Couper maintenant au dos, de 11 à 3, le centimètre qui a été rentré, tel que l'indique le plan; tracer ensuite le dos sur le point du côté 18; faire toucher le trait 19; placer les côtés en suivant le dos; cela fait, de 20 à 22, 2 centimètres; de 18 à 21, de 14 à 15, un petit crochet.

On peut dépasser de 23 à 24, le trait, pour la mesure juste de l'emmanchure; de 19 à 31, mesure de la grosseur de ceinture; autant la taille sera plus longue de 17 à 20, autant il faudra allonger de 30 à 22, et de 31 à 32.

2 — 29 La grosseur de dessous bras; augmenter pour mettre à l'aise, 5 parties sur la mesure.

9 — 25 La mode vous dit quelle profondeur doit avoir l'encolure.

25 — 26 3 parties; de 11 à 32, longueur pour le devant.

Explication pour le tracé de la manche.

1 — 2 24 parties; placer le dos contre le trait 2; et de 3 à 4, 30 parties.

1 — 5 3 parties.

5 — 4 La mesure de la manche.

5 — 6 et 7 Longueur en réduisant les carrures.

7 — 8 Largeur du poignet.

N° 66.

Le danger des pinces du suçon.

L'emploi de ces pinces ou suçons doit être fait avec beaucoup d'attention, car il arrive très-souvent que lorsqu'ils ne sont pas mis à leur place, ou qu'ils sont trop creusés, cela seul peut déranger l'applomb de la coupe la mieux éprouvée.

Pour remédier à ces inconvénients qui souvent coûtent bien cher, il conviendra de les faire faufiler avant de les trop creuser, et en suite d'essayer le vêtement. La pince n. 13 fait baisser les côtés de 2 centimètres ; ainsi, de 1 à 2, hausser les côtés de 2 centimètres, et faire fournir de 3 à 4, 1 centimètre. La pince 10 et 11, si elle est faite pour un homme à qui il n'en faut pas, fera remonter le vêtement, et lui occasionnera des plis en travers. J'ai vu des professeurs de coupe très expérimentés, conseiller généralement l'emploi de la pince n. 10, en disant que cette pince reproduite dans ses garnitures et faite par les mains d'un bon ouvrier, pouvait donner du bombage à la poitrine, et par conséquent donner de la grâce à un habit. Cela est vrai, à la main de l'ouvrier cet habit re-présente un ouvrage bien fini ; le bombage de la poitrine bien réussi, prêt à mettre sur un mannequin qui reste immobile, et dont les mouvements ne dérangent rien de cette coupe surnaturelle ; mais arrivé sur le corps du client, qui aura par exemple la poitrine creuse sans être gros, le ventre en avant et cambré ; examinez cet habit, *soit-disant* bien fini, au porté il se déforme ; au lieu d'un bombage de poitrine il ne reste que de la difformité. Ainsi donc cette pince n'est applicable qu'à un homme ayant une poitrine bombée qui est mince de taille.

La pince n. 12 est applicable à un homme dont le cou et court, parce qu'étant obligé de renverser l'épaulette qui occasionne de l'ampleur dans l'encolure, cela nécessite l'usage de la pince.

Si l'on veut faire usage de la pince pour un homme qui a le cou long, il faut renverser l'épaulette de 5 à 6, 1 centimètre ; de 8 à 9, 1 centimètre ; de 6 à 7, allonger 1 centimètre.

Les pinces 14 et 15 sont celles qui offrent le moins de danger.

N° 67.

Habit tombant devant, allant en arrière, et formant le long des côtés, une grande largeur.

A peine peut-on connaître d'où vient la faute, et comment s'y prendre pour la corriger, car il arrive le plus souvent pour les personnes qui ont les épaules hautes, que la faute vient de ce que les dessous de bras et les points de côté sont trop bas. Le meilleur moyen pour découvrir les défauts, c'est de remonter l'épaulette, l'attacher avec des épingles, ensuite diminuer dans les côtés tout ce qui est trop large, en l'attachant de même. Marquer de cette manière partout où il y a trop d'étoffe. Pour empêcher que l'habit ne devienne trop étroit devant, on le met sur le papier sans dédoubler le tracé, on corrige tout au tour dans les côtés, l'épaulette et le tour de bras; marquer tous les défauts; replacer le modèle sur le devant; tourner comme l'indique le plan, de 1 à 2, de 3 à 4. Dans le cas où on ne peut pas arriver, on coupe le dessous du bras pour remonter les côtés; par ce moyen le retouchage n'est pas grand.

N⁰ 68.

Un habit dont le dos bombe; ce défaut vient de ce que le point de côté est trop haut. Il faut le baisser, de 5 à 6, de 7 à 8, tel que l'on voit sur le plan. Si l'épaulette forme un paquet à l'avant-bras, c'est qu'elle est trop droite, il faut la renverser, de 1 à 2, de 3 à 4.

N⁰ 69.

La cause d'un habit qui monte trop haut, est que l'épaulette est trop droite, il faut la renverser de 1 à 2, de 3 à 4; il arrive souvent que d'un côté le devant pend plus bas que de l'autre, cela vient de ce qu'il y a une épaule plus haute que l'autre; il faut, pour celui dont le côté pend plus bas, avancer l'épaulette par un petit morceau de 2 à 1, excepté si l'épaulette forme un paquet à l'avant-bras, ce qui prouve qu'elle est trop droite, il faut dans ce cas renverser l'épaulette où elle fait un paquet, de 1 à 2, de 3 à 4.

N⁰ 70.

Un habit qui pend devant, qui ne touche pas sur la taille, et qui bride autour du bras, cela vient de ce que l'épaulette est trop renversée, le point de côté trop bas; il faut alors avancer l'épaulette de 1 à 2, de 3 à 4, et hausser le point de côté de 5 à 6.

N° 71.

Si l'emmanchure bride autour du bras, et que l'encolure soit ample, c'est que l'épaulette est trop renversée; il faut alors avancer l'épaulette de 1 à 2, et de 3 à 4.

N° 72.

Pour un homme grand et maigre.

Un homme grand et maigre se trouve souvent étroit sous les bras. Si on trace avec la mesure prise en cet endroit, toute les proportions deviendront trop petites. Pour éviter ce défaut, il faut augmenter les mesures de la 1/2 grosseur sous les bras, de 2, 3, ou 4 centimètres, selon ce qu'on juge utile; et tracer toutes les profondeurs avec la mesure prise sous les bras; et toutes les largeurs et le placement de l'épaulette, avec la mesure qui est augmentée.

Explications pour le dos.

1 — 3 17 parties; avec la mesure prise sous les bras.

2 — 5 Longueur de la taille.

1 — 4 1/2 grosseur sous les bras.

3 — 6 19 parties; avec la mesure augmentée.

6 — 7 3 parties.

2 — 8 6 parties; avec la mesure augmentée.

Si le dos est large à la taille, il faut rentrer, de 4 à 9, 1 centi.

9 — 10 2 centimètres.

10 — 11 8 centimètres, plus ou moins.

Remployer le dos de 4 à 11; le couper de 5 à 2; les 2 centi. que l'on a rentré de 4 à 10, on les coupe quand le devant est tracé.

Explications pour le devant.

1 —   2 et 3   A l'équerre.

2 —   4 Un trait plus bas.

2 —   5 8 parties ; avec la mesure prise sous les bras.

2 —   6 30 parties ; avec la mesure prise sous les bras.

6 —   7 23 parties ; avec la mesure prise sous les bras.

6 —   1 28 parties.

1 —   8 16 parties ; avec la mesure augmentée.

1 —   9 32 parties ; avec la mesure augmentée.

1 —   10 18 parties ; avec la mesure augmentée.

2 —   10 et 11   Un trait.

10 —   11 6 parties ; placer l'équerre contre le trait de 2 à **11**, tirer de **11** à **12** ; placer le dos contre le trait **10, 11** et **12**, qui encadre le dos, et tracer l'épaulette.

6 —   13 Autant le dos est plus large que **16** ; remployer le dos de **4** à **11** ; faire une marque.

4 —   12 4 parties ; placer cette marque sur le trait **14**, contre le trait **16**, contre le trait **13**, qui donne la hauteur du point de côté ; déplacer le dos, couper en bas les **2** cent. que l'on a coupé de **4** à **10** ; replacer le dos contre le point de côté **15** ; contre le trait **16** marquer les côtés.

14 —   18 Rentrer de 2 centimètres.

15 —   17 et 19 à 20   Un petit crochet.

25 —   26 Dépasser le trait ; mesurer la grosseur en bas, de **16** à **27**.

9 —   21 Selon la mode.

21 —   22 3 parties ; vérifier la mesure de **23** à **24** ; grosseur de dessous les bras, et 5 parties de plus.

Nº 73.

Manteau rond.

1 —   2 Longueur par derrière, le poil descend.

2 —   3 17 centimètres, et 4 le milieu.

Poser le compas sur **4**, tirer de **2** à **3**.

5 — 3 Rendre l'encolure un peu plus droite, pour empêcher que l'ampleur n'aille trop avant.

4 — 6 5 centimètres.

6 — 7 2 centimètres 1/2 ; poser le compas sur 7 , tirer de 1 à 8.

N° 74.

L'encolure est tracée de même que le n. 73 ; baisser un peu l'encolure de 1 à 2, de 3 à 4.

2 — 4 5 centimètres plus court que derrière.

1 — 3 et 6 Supprimer l'étoffe.

On appelle cela Manteau de 3/4 ou de ville.

N° 75.

Talma.

L'encolure est de même que le n. 73 ; après, rendre l'encolure droite par derrière, tel qu'on le voit sur le plan de 1 à 2 ; arrondir sur l'épaule de 2 à 3 ; 3 à 4, droit ; 4 à 5, 5 centimètres plus court que derrière, par ce moyen le manteau tombe plat derrière, ample sur l'épaule ; de 5 à 7, sortir plus ou moins.

N° 76.

Rotonde de Carrick.

1 — 7 Un trait droit.

7 — 3 10 centimètres.

3 — 2 10 centimètres.

7 — 8 5 centimètres.

3 — 4 5 centimètres.

4 — 7 4 centimètres ; tracer l'encolure de 2 à 9, en rond.

9 — 8 Presque droit, il faut que l'encolure prenne la forme d'un ballon.

3 — 4 5 centimètres ; poser le compas sur 4, tirer de 1 à 5,

et suivre les autres plus petites, tel que l'on voit sur le plan de 1 à 6.

N° 77.

Charles-Quint.

Comme nous avons besoin d'être abonné au journal, pour satisfaire nos clients au moins 3 mois par saison; pour qu'on puisse se rendre compte du plan du journal, je donne une explication pour le tracé de ces plans.

Explications.

Diviser la 1/2 grosseur de dessous les bras en 48 parties.

Pour le devant. — A l'équerre.

Tirer un trait de 0 à 22, de 0 à 88. Placer la mesure depuis 0; marquer 3 1/2, 12 — 23 — 35 — 80, 88; après chaque numéro on tire un trait à l'équerre; premier trait en haut; pour le point de l'épaulette, 22 parties; 2ᵉ trait, pour le point de l'épaulette de l'emmanchure, 21 parties et 44 parties; 3ᵉ trait, 8 et 11 parties; 4ᵉ trait, 34 parties; 5ᵉ trait, 37 parties; 6ᵉ trait, 50 parties.

Rond de compas. Ouvrir le compas de 20 parties, le placer jusqu'à ce que l'on arrive de 44 à 34; de 34 à 50, un trait droit du côté de l'encolure, rond 20; on fait de même en bas, rond 150, comme on ne peut tracer avec le compas, on mesure au cordon à 150 parties, on place à distance pour tracer de 50 à 88. Le dos de Charles-Quint est tracé de même, comme le devant.

N° 78.

Burnous.

Le tracé est le même que 77. Le burnous est tracé pour militaire qui porte des épaulettes; pour civil, on retranche au devant et au dos, de a à b, de c à b.

N° 79.

Pour diviser en 48 parties la 1/2 grosseur de dessous les bras.

Plier en 3 parties ce qui fait 3 1/3, de 1 à 2, à 3 et 4. 1/3 plier en 2 parties; faire une coche de 1 à 5; plier de 1 à 5 en 2 parties; faire une coche à 6; plier en 2 parties de 1 à 6; faire une coche à 6; de 6 à 7 plier en 2 parties; replier à 6; marquer entre 6 et 5; replier à 5; marquer entre 5 et 2. Par ce moyen on a 16 parties; replier à 2; marquer les 16 parties à 3; transporter 1 et 2 à 3 et 4; marquer les 16 parties entre 3 et 4, ce qui fait 48 parties; écrire les numéros sur la mesure de 1 à 48, à l'envers; marquer à chaque bout les numéros de la 1/2 grosseur de dessous les bras.

Explications pour faire une échelle de réduction soi-même.

Tirer à l'équerre de a, h, g, c. De a à b, 24 centimètres divisés en 48; de h à a, 12 centimètres; de a à c, 24 centimètres; de g a c, 24 centimètres; total de g à d: 48 centimètres. Tirer un trait d'un numéro à l'autre, tirer le plus bas; suivre de 48 jusqu'à 65; total de c à b: 70.

N° 80.

Pour tracer l'équerre.

De 1 à 2, distance que l'on veut; 2 à 3, de même que de 1 à 2; poser le compas sur 1, tirer de 3 à 4; poser le compas sur 3; tirer de 1 à 4; un trait de 2 à 6; 2 à 5, tel que l'on voit sur le plan. Les équerres que l'on fait soi-même, en carton, sont les plus commodes.

N°. 81.

Raglan.

C'est coupé avec un patron de paletots sacs ou cloches, on ajoute au-dessus des manches un morceau de papier; à l'épaulette, en dessous, un morceau de papier ; placer le dos contre l'épaulette, tel que l'on voit sur le plan ; placer les coutures de la manche contre le dos 4 ; faire toucher le dessous des manches 5, contre l'emmanchure ; faire glisser le papier qu'on a ajouté aux manches, en dessous de l'épaulette ; tirer un trait de 4 à 7, depuis les coches du dos, devant ; un trait de 5 à 6 ; piquer avec une aiguille pour faire marquer le papier en dessous, de 4 à 7, de 5 à 6 ; faire dépasser dans l'encolure 2 centimètres qui servent à faire emboire, pour remplacer les ronds des manches, comme les traits vont de biais ça rétrécit de 6 à 7 ; remplacer 6, 9, 7 et 8, 1 centimètre de chaque côté ; relever le devant et le dos, de 5, 10 et 9, ou faire fournir la valeur de 2 largeurs de couture.

Explications pour le dos.

1 — 2 Pli du drap.

2 — 3 10 centimètres.

Tirer un trait de 1 à 3 ; placer le patron contre le trait de 1 à 3, pour faire fournir 2 plis au dos.

Observations des hommes voûtés.

Pour les hommes voûtés nous avons : cou long, cou court, voûté du cou et des carrures, voûté des carrures et le cou droit, voûté des reins.

Pour un homme voûté des carrures et du cou, il faut avancer l'épaulette de 2 parties, hausser le point de côté de 4 parties.

Pour un homme voûté des carrures et le cou court ou droit, il faut hausser le point de côté de 3 parties, et renverser l'épaulette de 1 partie. Les mêmes observations sont pour les dos ronds sans être voûtés, excepté qu'il ne faut pas les carrures plus larges que pour les hommes ordinaires. Les carrures larges font paraître le dos encore plus rond, il vaut mieux donner 2 centimètres de profondeur devant la manche, pour la faire fournir aux carrures.

Pour un homme qui tient les épaules en arrière, il faut renverser l'épaulette de 2 centimètres, et l'allonger du côté de l'encolure de 1 centimètre 1/2 ; baisser le point de côté de 1 centimètre et la poitrine plus large.

FIN.